Petite vie
de
Mère Teresa

DU MÊME AUTEUR

Tracas d'ados, soucis de parents (avec Daniel Marcelli), Albin Michel, 2002.

GUILLEMETTE DE LA BORIE

Petite vie
de
Mère Teresa

DESCLÉE DE BROUWER

© Desclée de Brouwer, 2003
76 *bis*, rue des Saints-Pères, 75007 Paris
www.descleedebrouwer.com

ISBN : 2-220-05310-5
ISSN : 0991-4439

I

Mère Teresa de Calcutta

Sur la porte d'un immeuble gris des quartiers populaires de Calcutta, un panneau hâtivement écrit a été
suspendu : « No medias. » A Rome, où se pressent les
correspondants de presse de tout le monde catholique,
la porte de la maison des Missionnaires de la Charité
reste tout aussi close. Pourtant, en ce vendredi 5 septembre 1997 au soir, la nouvelle qui vient de tomber
semble provoquer une onde de choc à travers la planète entière, des bidonvilles de Calcutta aux palais pré-
sidentiels, du Vatican aux quelque six cents maisons
des Missionnaires de la Charité disséminées dans cent
vingt-trois pays à travers le monde.

Mère Teresa, née Agnès Bojaxhiu, a été rappelée à
Dieu. Elle s'est éteinte d'un arrêt cardiaque, à quatre-
vingt-sept ans, dans la maison mère des Missionnaires
de la Charité, la congrégation religieuse qu'elle avait
fondée près de cinquante années auparavant.

Mother, ou la Mère, comme l'appellent ses quatre
mille sœurs de toutes nationalités, *Mataji* ou *Ma*, pour
les millions de pauvres qui ont vu en elle la source de

tout secours et de toute tendresse, ou encore la Madre, selon le nom que lui donnent les prêtres de la branche masculine de son ordre. Et Mère Teresa pour les médias, sans précision autre, tant elle est l'une des personnalités les plus connues et reconnues au monde.

Sa petite silhouette (1,52 mètre !), de plus en plus courbée et ridée avec l'âge, toujours enveloppée d'un sari blanc bordé de bleu, aux couleurs de la Vierge Marie, a parcouru les cinq continents. Elle a rencontré les puissants de ce monde, fréquenté les studios de télévision d'Amérique et d'ailleurs, est montée aux tribunes publiques les plus prestigieuses. Pour représenter les plus pauvres parmi les pauvres, au nom de Celui dont elle a été véritablement amoureuse toute sa vie, Jésus-Christ.

A l'annonce de sa mort, les autorités de l'État indien du Bengale occidental, dont la capitale est Calcutta, ont décrété trois jours de deuil et des obsèques nationales. Tout cela pour une petite religieuse catholique d'origine albanaise, qui n'a reçu la nationalité indienne qu'en 1947 ! Et dans ce pays traversé par les tensions religieuses et nationalistes, où les chrétiens représentent une infime minorité (environ 20 millions sur un milliard d'habitants !), souvent mal considérée parce que étrangère au système des castes profondément ancré depuis des millénaires dans la culture hindoue...

Un tel déploiement d'honneurs officiels n'aurait sans doute pas été du goût de la petite sœur des bidonvilles. Mais, après quelques hésitations, les Missionnaires de la Charité ont fait le choix d'agréer cet hommage grandiose. Sœur Nirmala, religieuse de la première heure, élue quelque temps auparavant Supérieure générale de la congrégation en remplacement de

Mère Teresa, déclare : « Nous avons accepté des funérailles nationales avec gratitude, au nom des plus pauvres. »

En effet, plus de cent mille anonymes, de toutes les religions et de toutes les conditions, viennent bientôt s'incliner devant celle qu'on appelait déjà, de son vivant, « la sainte de Calcutta ». A raison de mille personnes toutes les cinq minutes, ils font la queue devant l'église Saint-Thomas, où repose le corps embaumé de la religieuse, dans un cercueil blanc ouvert. De gigantesques climatiseurs tentent de maintenir, dans la moiteur ambiante, une atmosphère rafraîchie. L'enterrement a été repoussé de quelques jours pour que tous ceux qui le souhaitent, en particulier les plus pauvres, puissent lui rendre le dernier hommage.

Le pape Jean-Paul II, à Rome, lui consacre ses paroles du dimanche matin suivant, quand il s'adresse de son balcon aux pèlerins de la place Saint-Pierre : « Aux blessés de la vie, elle a fait sentir la tendresse de Dieu, Père qui est amoureux de chacune de ses créatures… En suivant l'Évangile, elle est devenue le Bon Samaritain de toute personne rencontrée, de toute existence tourmentée, souffrante et méprisée. »

Au-delà d'une foi commune et de l'espérance de la résurrection, le pape polonais et la religieuse des Balkans ont partagé une vraie amitié et complicité spirituelle. Ils se sont souvent rencontrés et aidés mutuellement.

De partout affluent aussi les hommages des puissants. Comme celui du président de la République française, Jacques Chirac, dans son message de condoléances : « Il y aura moins de lumière et d'amour sur terre… »

13 septembre 1997 :
les funérailles de Mère Teresa à Calcutta
(© Gamma/Marc Deville).

De Bombay est arrivé à Calcutta un affût de canon, celui-là même qui a déjà porté auparavant les cercueils de Gandhi et de Nehru, considérés comme les pères de la nation indienne. Il doit emmener à travers la ville celui de Mère Teresa, vers l'immense stade climatisé où se déroulera la cérémonie. Ses sœurs l'ont décoré de fleurs. Il est entouré d'une garde militaire d'honneur, formée de Gurkhas, ces rudes soldats d'élite aux splendides turbans vert et rouge. Sur le corps de la petite religieuse est posé un drapeau indien orange, blanc et vert. Sous un ciel de mousson jaune et gris, le cortège s'ébranle lentement, et s'en va rejoindre les centaines de personnalités qui ont voulu être là : des présidents, des ministres, des cardinaux, des reines…

Il y a aussi, omniprésente, la foule. Cette foule indienne innombrable qui n'est pas invitée sur le stade. Alors elle piétine, se presse ou court le long du chemin pour apercevoir la Mère une dernière fois. Elle déborde les barrières de bambous érigées le long du passage du cortège, bravant les coups de lathi du service d'ordre policier.

Le monde entier est là aussi, à travers les principales chaînes de télévision. Elles vont retransmettre en direct la cérémonie dans de nombreux pays, dont la France. Ces obsèques sont suivies bien au-delà du monde catholique : elles ont lieu quelques jours après celles de Lady Di, la princesse de Galles qui a trouvé la mort à Paris dans un accident de voiture. Beaucoup ont encore en tête cette photo improbable des deux disparues se tenant par la main, quelque temps auparavant. La vieille femme et la princesse midinette avaient symbolisé, pendant un instant médiatique, le service de l'amour.

« J'avais faim et vous m'avez donné à manger… »

L'évangile de Matthieu proclamé ce jour-là a guidé tout au long de sa vie celle qu'on honore.

« J'avais soif et vous m'avez donné à boire. J'étais étranger et vous m'avez accueilli, j'étais nu et vous m'avez vêtu, j'étais en prison et vous m'avez visité… Tout ce que vous avez fait au plus petit, c'est à moi que vous l'avez fait. »

Puis dans un silence d'une très grande dignité, se déroule la procession des offrandes : une bougie, signe de la flamme d'amour que Mère Teresa avait allumée, et que ses sœurs ont désormais pour mission de ne pas laisser s'éteindre, comme le rappelle le message du pape lu pour l'occasion ; un crayon, en symbole de l'instrument modeste qu'elle voulait être dans les mains de son Seigneur ; une image de la Vierge, pour laquelle elle avait une dévotion particulière. Chacun des objets est apporté à l'autel, l'un par une enfant orpheline, l'autre par un lépreux, un volontaire d'une de ses maisons, une femme tout juste libérée de prison. Ils sont les représentants de tous ceux qui s'écrasent à l'extérieur des barrières de sécurité.

Vient ensuite le moment des prières des diverses traditions et confessions religieuses rassemblées. Elles sont unies ce jour-là en témoignage de la tolérance et du respect que la défunte avait su manifester envers toutes, sans exception. Les prières hindouistes, celle des musulmans, des sikhs et encore des parsis montent vers le ciel, en union avec elle.

Puis, la cérémonie officielle terminée, le cercueil s'en retourne à la maison mère de la congrégation, où elle reposera parmi ses sœurs, dans un caveau blanc creusé sous la chapelle, pour l'éternité. Quand le corps de la Mère franchit pour la dernière fois le seuil de sa maison, des centaines de femmes en sari de coton blanc bordé de bleu l'accueillent, les larmes aux yeux. Un hommage infiniment recueilli lui est alors rendu dans l'intimité, alors que l'on ferme le cercueil de bois. Partagé cependant par les centaines de personnes, les habitants de ce quartier défavorisé, premiers amis de Mère Teresa, qui déferlent comme des vagues vers la maison de la Mère, grimpant sur les arbres alentour, pleurant leur douleur, débordant encore une fois le service d'ordre.

II

L'enfance et la vocation

La poudrière des Balkans

Au début du XXe siècle, l'Europe centrale, où naquit la future Mère Teresa, est une plaque tournante des tensions internationales. L'ancien Empire ottoman est en train de disparaître dans les soubresauts et la violence, au profit une mosaïque d'États où se croisent nationalités et religions aux intérêts divergents. On l'appelle la « poudrière des Balkans ». *(Voir encadré.)*

C'est dans cette atmosphère que voit le jour Gonxha (qui se traduit par Agnès) Bojaxhiu, le 26 août 1910. L'enfant est la fille d'un prospère entrepreneur, Kölle ou Nicolas, et de Drana, sa femme. Elle arrive après une autre fille, Aga et un garçon, Lazare. La famille habite Usküb, une ville de Macédoine qui prendra plus tard le nom de Skopje. Mais elle est originaire de l'Albanie voisine, parle l'albanais, revendique sa nationalité autant que sa religion catholique. Une situation difficile dans une ville où cohabitent, sans toujours s'entendre, musulmans turcs, orthodoxes serbes et bulgares, et cette petite minorité albanaise catholique à laquelle appartiennent les Bojaxhiu.

A sa naissance, Agnès est donc citoyenne de l'Empire ottoman. Mais deux ans plus tard, les Puissances centrales déclarent la guerre à la Turquie et occupent la Macédoine. La petite fille devient donc pour un temps sujette du royaume de Bulgarie. Puis une nouvelle guerre des Balkans fait repasser la région sous le contrôle serbe. Après l'assassinat de l'archiduc Ferdinand d'Autriche à Sarajevo, non loin de là, en 1914, c'est toute l'Europe qui s'embrase dans la « Grande Guerre ». Ensuite, Agnès deviendra yougoslave. Enfin, après la Seconde Guerre mondiale, alors qu'elle aura déjà quitté son pays natal depuis bien longtemps, et que le rideau de fer se sera abattu sur cette partie de l'Europe, elle renoncera à cette nationalité pour devenir indienne. En tant que religieuse catholique, elle est de toute façon devenue indésirable dans son pays d'origine. Sa mère, à Skopje, et sa sœur, retournée vivre à Tirana, la capitale de l'Albanie, disparaîtront pour toujours dans le silence de ces années-là. Seul Lazare pourra s'échapper et émigrer en Italie.

Une enfant sage dans une famille pieuse

Agnès Bojaxhiu grandit cependant heureuse et protégée dans un milieu de la bourgeoisie prospère : « Nous étions des gosses sereins, avec des parents pleins de joie et d'amour. » Si Mère Teresa n'a jamais fait beaucoup de confidences sur elle-même, ni sur son enfance, elle a insisté à plusieurs reprises sur la force et

Les Balkans

Cette péninsule d'Europe centrale, montagneuse, au climat continental et à l'économie encore largement agricole, est limitée par les mers Adriatique et Ionienne à l'ouest, Égée au sud, Noire à l'est, et par le Danube au nord. Elle comprend les pays actuels de la Grèce (en partie), l'Albanie, la Bosnie-Herzégovine, la Macédoine, la Yougoslavie, la Croatie, la Bulgarie, la Turquie d'Europe. Sa population est très diverse : Grecs, Slaves, Serbes, Albanais, Turcs… musulmans, orthodoxes, juifs…

Son histoire est une longue succession de guerres internes, largement suscitées par les rivalités et les visées hégémoniques des grandes puissances européennes : Empire d'Autriche-Hongrie, Empire ottoman, Russie, Prusse…

Profitant de la décadence de l'Empire ottoman au XIXᵉ siècle, Serbes, Bulgares, Roumains revendiquent leur indépendance. L'indépendance de la Grèce est reconnue en 1829, celle de la Serbie, de la Roumanie et du Monténégro en 1878. Les deux guerres balkaniques de 1912 et 1913 voient la Russie soutenir les pays des Balkans contre les Turcs. Les Puissances centrales (Autriche-Hongrie) se sentent encerclées et tentent de briser l'Entente (France, Russie, Serbie, Royaume-Uni).

Ces crises successives, dont le règlement mécontente tous les pays concernés, accentuent les tensions internationales et la course aux armements. L'assassinat de l'archiduc François-Ferdinand d'Autriche par un Serbe bosniaque provoque le déclenchement de la Première Guerre mondiale. Un nouvel État balkanique en naît, la Yougoslavie, qui fédère artificiellement les pays alliés aux vainqueurs, sauf la Grèce et l'Albanie.

La Seconde Guerre mondiale bouleverse de nouveau la géographie de la région : la Bulgarie, la Roumanie, l'Albanie deviennent des « démocraties populaires » sous influence soviétique, tandis que la Yougoslavie, dirigée par le maréchal Tito, conserve une certaine indépendance face à Moscou.

A partir de 1989, l'empire soviétique est démantelé par la *perestroïka*. Des élections libres se déroulent en Bulgarie et en Albanie, le dictateur roumain Ceausescu est renversé par une révolution, et plusieurs États de la fédération de Yougoslavie proclament leur indépendance.

Une nouvelle guerre oppose la Serbie, qui poursuit un rêve de « grande Serbie », au détriment de la Croatie et de la Bosnie ; puis la Bosnie-Herzégovine se déchire entre ses trois communautés, serbe, croate et bosniaque (musulmane). Après les interventions de l'ONU et des troupes de l'OTAN, la paix de Dayton, en 1995, établit un compromis fragile.

l'équilibre que lui avait donnés sa famille, et indissolublement liée, leur foi catholique : « L'amour se construit d'abord dans la famille, et il prend une autre dimension dans la prière. A ceux qui abandonnent la prière en famille, il devient difficile de persévérer, de fortifier et de sanctifier leur union. »

De fait, ces convictions soudent la famille Bojaxhiu : on y pratique la prière en commun tous les soirs, on y récite le chapelet pendant les promenades, on fait des pèlerinages et surtout, surtout, on partage avec les pauvres. Régulièrement, les enfants voient leur mère préparer et porter des paquets à ceux qui sont dans le besoin, et leur père accueillir à sa table des indigents, comme des amis proches. Il dira un jour une phrase que la future Mère Teresa n'a jamais oubliée : « Ma fille, n'accepte jamais de porter à ta bouche un morceau de pain sans être disposée à le partager avec d'autres. »

La paroisse du Sacré-Cœur, auprès de laquelle habitent les Bojaxhiu, est le centre de leur vie et de leur communauté. Elle est tenue par des pères jésuites, dont l'influence sera déterminante pour la future religieuse. Agnès y reçoit une solide et classique éducation chrétienne : elle chante à la chorale et aux offices, devient « enfant de Marie », puis à l'adolescence prend part à toutes les activités de l'Action catholique, mouvement laïc d'animation pastorale qui se développe à cette époque.

La mort du père

Nicolas Bojaxhiu a été un nationaliste fervent, très engagé en politique. Pendant la Première Guerre mondiale, il est élu comme représentant des Albanais de Macédoine, et envoyé en mission à Belgrade, capitale de la Serbie, pour défendre les intérêts de sa communauté. Il en revient malade et, peu de temps après, mystérieusement, meurt. Peut-être a-t-il été empoisonné ? C'est en tout cas ce qu'a toujours affirmé son fils Lazare, qui reprendra le flambeau de son combat politique. Agnès a alors neuf ans : cette mort violente bouleverse la vie de la famille. Une photo de l'époque montre la mère, austère et droite, voilée de noir, entourée de ses enfants aux regards directs, mais sans sourires.

La vie continue, moins gaie et moins facile, mais sans plaintes et plus pieuse encore sous l'influence de Drana, entièrement tournée vers l'Église.

« Nous étions tous très unis, davantage encore après la mort de mon père. Nous vivions les uns pour les autres… », se souvient Lazare.

Drana, pour élever ses enfants, se met au travail, et monte une boutique de tissus et broderies. Leçon de dignité, de pragmatisme et d'efficacité, qui marquera la personnalité des enfants : « Notre mère était une femme forte, à la trempe d'acier. Elle était en même temps humble, soucieuse des pauvres et profondément généreuse. » C'est encore Lazare, le plus prolixe dans ses souvenirs, qui parle.

Les trois enfants poursuivent donc des études solides au lycée d'État, ce qui est exceptionnel pour les filles de l'époque. C'est ainsi qu'ils auront l'occasion de sortir de leur petite communauté, de parler la langue serbo-croate et d'expérimenter des relations sans tensions avec des jeunes juifs ou orthodoxes.

Une vocation mûrie dans le silence

Il s'agit avant tout d'une histoire d'amour. Agnès est véritablement « tombée amoureuse » de Jésus dès sa plus tendre enfance et n'a cessé toute sa vie de progresser dans son intimité. C'est à sa première communion, à l'âge de cinq ans et demi, que remonte selon elle la « première grâce » de la rencontre. Dans nombre de ses lettres transparaît comment Dieu « fut le premier et le seul à retenir mon cœur ». Dès l'âge de douze ans, avouera-t-elle plus tard, la jeune fille s'est posé la question de se consacrer entièrement à Lui. Mais elle garde le silence dessus, passe beaucoup de temps en prières, s'engage dans la vie de sa communauté. C'est une personnalité gaie, ouverte et dynamique, une bonne organisatrice, musicienne et chanteuse, qui trouve facilement sa place dans une paroisse active.

Surtout, elle se passionne pour les récits qui parviennent des missions jésuites yougoslaves implantées au Bengale, dans la colonie anglaise des Indes. Le pape Pie IX a en effet lancé à l'époque un élan missionnaire, qui trouve un large écho dans une Europe centrale, qui sort blessée de la Grande Guerre.

C'est l'été de ses dix-sept ans que, dans la solitude de la montagne, la vocation d'Agnès vient à maturité.

La famille Bojaxhiu avait l'habitude de passer ses vacances dans un chalet de montagne, tout proche du sanctuaire de Notre-Dame de Letnice, lieu de pèlerinage où toute la communauté catholique se rendait une fois l'an. Agnès, parce qu'elle était réputée de santé fragile, y avait été souvent envoyée pour fortifier ses bronches ; elle y avait donc passé de longues périodes solitaires et méditatives.

Vient la fête de l'Ascension, en cette année 1928. C'est Agnès qui raconte : « J'avais entre les mains un cierge allumé, je priais, je chantais, débordant de joie intérieure. C'est là que j'ai entendu la voix de Dieu qui m'invitait à être toute sienne, en me consacrant à Lui et au service de mon prochain… C'est la Vierge Marie qui intercéda pour moi et m'aida à découvrir ma vocation. »

La jeune fille s'ouvre d'abord de l'événement à son confesseur, le père Franjo Jambrekovic, jésuite vicaire de sa paroisse. Celui-ci y voit sans doute l'aboutissement de son travail sur les âmes, et la confirme dans son projet : « Si tu te sens heureuse à l'idée que Dieu t'appelle à le servir, ce sera la preuve de ta vocation… »

Mais, même dans cette famille entièrement dévouée à sa foi, même à une époque où les jeunes filles sont encore nombreuses à prendre le voile, cela ne va pourtant pas de soi.

Lorsque la jeune fille annonce sa décision à sa mère, celle-ci se refuse à donner un accord immédiat, et s'enferme dans sa chambre pour prier. Sans doute souhaitait-on alors pour les jeunes filles éduquées de la bourgeoisie un autre destin que le cloitre. Puis Drana accepte, sans montrer les larmes qu'elle avouera seulement bien plus tard, d'une parole forte qui est restée à la postérité : « Bien, ma fille, va ; mais alors, essaie de te donner totalement au Christ. »

Le frère aîné, qui est alors déjà retourné en Albanie pour s'engager comme officier auprès du roi Ahmed Zog Ier, lui, s'insurge. Il ne comprend pas sa sœur, « si vivante, si belle, spontanée, malicieuse », et lui écrit : « Comment penses-tu, toi, te faire religieuse ? Te rends-tu compte de ce que tu fais, que tu es en train de te sacrifier pour toujours, de t'ensevelir ? »

Elle répond aussitôt, révélant sa détermination et sa force de caractère : « Tu te crois tellement important comme officier au service d'un roi de deux millions de sujets. Eh bien, moi aussi, je suis officier, mais au service du Roi de l'univers. Je t'assure que je ne changerais ni pour toi, ni pour qui que ce soit. Lequel de nous deux a raison ? »

Agnès, en effet, n'a pas l'intention de passer sa vie dans un couvent des Balkans. C'est la mission en pays lointain qui l'attire, elle qui, depuis des années, dévore les articles de la revue *Missions catholiques*, écoute avec passion les récits des jésuites venus prêcher et récolter des fonds pour leurs œuvres du bout du monde.

Sans doute conseillée par le père Jambrekovic, elle choisit pour s'engager dans la vie religieuse la congrégation de Notre-Dame de Lorette. Celle-ci, que l'on appelle aussi les « Dames irlandaises », à cause de sa fondatrice et de sa maison mère près de Dublin, se voue à l'enseignement, pour former des mères de famille chrétiennes à travers le monde. Sa spiritualité s'apparente à celle des Jésuites, à la suite de Francois Xavier en Inde, et sa règle est largement inspirée des *Exercices spirituels* de saint Ignace de Loyola. La jeune fille, qui n'a jamais quitté ni sa région natale ni sa famille, se prépare donc au grand départ. Une des ses compagnes de lycée, qui a fréquenté la même paroisse et fait le même choix (elle deviendra en religion sœur Marie-Madeleine), l'accompagne.

Le 26 septembre 1928, ce sont les adieux définitifs. Mère et fille ne savent pas qu'elles ne se reverront jamais, même si elles correspondront longuement. Drana et Aga accompagnent les futures postulantes jusqu'à Belgrade. De là, le train conduit les deux jeunes filles à travers l'Europe : Vienne, puis Paris et enfin Dublin.

Première étape du parcours : devant la Supérieure générale de l'ordre, elles doivent faire la preuve de la solidité de leur vocation, et aussi de leur santé, de leur éducation et de leurs aptitudes à la vie missionnaire. Il s'agit de décourager tout de suite celles qui n'y résiste- raient pas ! Épreuves réussies, semble-t-il, puisqu'elles sont admises à devenir postulantes. Une de ses compagnes d'alors témoigne du passage d'Agnès : « Ce qu'il y a d'extraordinaire, c'est qu'elle était tout à fait ordinaire… »

Parce que les deux petites Yougoslaves de dix-huit ans parlent un peu l'anglais, appris à l'école, et pas du tout le français ni le portugais, c'est aux Indes, colonie britannique, qu'on les envoie. Le 1er décembre 1928, elles embarquent donc sur un paquebot pour quatre semaines de traversée. Et au tout début de l'année 1929, abordent le continent indien pour la première fois.

III

L'Inde et la vie religieuse

La découverte des Indes

Le choc de la pauvreté… C'est la première impression de la jeune Européenne qui découvre les Indes, en ce début de 1929. De Madras, toujours en bateau, elle remonte la côte du golfe du Bengale, puis les eaux du Gange jusqu'à sa destination : Calcutta, capitale du Bengale occidental.

Du pont du bateau, on peut observer ceux qui vivent sur les rives du fleuve sacré : la masse des enfants morveux et pourtant si beaux, la merveilleuse dignité des femmes en sari, écrasées de fardeaux sur la tête, la maigreur des hommes tirant des rickshaws plus lourds qu'eux ; et puis la lumière, la poussière, la chaleur ou l'humidité malsaine selon les saisons. Agnès reçoit ces images nouvelles en plein cœur. A son tour, elle écrit, pour les faire partager, dans le journal des missions, celui-là même qui a été pour beaucoup à l'origine de sa propre vocation. Ainsi le témoignage en a été conservé : « Nous avons été profondément secouées par l'indescriptible pauvreté. Les gens ne circulent pas nus, mais ils vivent dans des conditions d'extrême pauvreté auxquelles les missionnaires n'arrivent pas à remédier. Si les gens de nos pays voyaient ces spectacles, ils cesseraient de se plaindre de leurs petits ennuis et remercieraient Dieu d'avoir été si généreux à leur égard. »

Mais le choc est vite atténué, comme assourdi derrière les murs du couvent où sont accueillies les jeunes filles. Le couvent de leur congrégation à Calcutta, Loreto House, est une belle maison coloniale ancienne, aux murs très blancs, entourée d'un jardin verdoyant de palmiers, et qui respire le silence, le calme et la fraîcheur. Avec les établissements scolaires tenus par les religieuses de l'ordre, elle forme le clos d'Entally, un espace protégé par de hauts murs situé dans le quartier résidentiel, non loin du palais du vice-roi des Indes. Calcutta était à l'époque la capitale de l'Empire britannique des Indes, et la communauté catholique presque entièrement d'origine étrangère. *(Voir encadré.)*

Cependant, comme dans toutes les villes indiennes, les bidonvilles viennent se glisser dans tous les interstices disponibles : de sa fenêtre, la future Mère Teresa, qui passera quelque dix-huit ans de sa vie au couvent Notre-Dame de Lorette, peut apercevoir ceux qui vivent dans la misère de la rue, à quelques mètres seulement d'elle.

Le noviciat

Une fois de plus, les postulantes sont jaugées par la Supérieure du lieu, femme d'expérience et d'autorité.

Et déclarées aptes. Agnès est donc envoyée effectuer son noviciat dans une autre maison de la congrégation, à Darjeeling. Cette ville, située à six cents kilomètres de Calcutta et deux mille mètres d'altitude, au pied de l'Himalaya, est célèbre pour ses plantations de thé et son climat tempéré. Pendant la mousson, toute la bonne société et l'administration s'y retrouvent alors, fuyant la chaleur moite de la capitale du Bengale. Encore un cocon européen !

Le 23 mai 1929, soit une année tout juste après la révélation de sa vocation, Agnès y prend l'habit blanc de novice, guimpe et scapulaire à l'occidentale, avec la cornette carrée et le grand col blanc de son ordre. Elle gardera ce costume près de vingt ans, y ajoutant plus tard le voile noir des professes.

« C'est le plus beau jour de ma vie, celui où je me suis donnée entièrement au Christ », écrit-elle alors.

Pendant deux ans, elle mène l'existence sans histoire d'une jeune novice, pieuse et obéissante. Elle se forme à la vie spirituelle, aux règles de la congrégation, et se prépare aux tâches d'enseignement qui sont l'essentiel du travail de sa communauté, en donnant quelques heures de cours par semaine à l'école du couvent.

En 1931, Agnès prononce ses premiers vœux religieux, promettant chasteté, pauvreté et obéissance. C'est alors qu'elle prend le nom de Teresa, en l'honneur de sainte Thérèse de Lisieux. La petite Thérèse a été canonisée quelques années plus tôt, et proclamée sainte patronne des missions. « Je l'ai choisie parce qu'elle faisait des choses ordinaires avec un amour extraordinaire », écrit la nouvelle religieuse. Sans doute cet amour mis en toutes choses entrait-il déjà profondément en résonance avec la spiritualité de Mère Teresa.

Comme dans toutes les congrégations religieuses, les premiers vœux sont prononcés pour une année, et renouvelés ensuite pour trois ans, avant la profession perpétuelle dans l'ordre.

Sœur Teresa a alors vingt et un ans, et ne manifeste aucun doute ni sur sa vocation, ni sur la forme de celle-ci. Elle semble parfaitement épanouie dans la vie religieuse. « Si vous saviez comme je suis heureuse ! », écrit-elle de nouveau à sa famille.

Dans la jungle du Bengale

Une fois le noviciat accompli, vient la nomination dans un premier poste. Sœur Teresa, volontaire, dynamique, qui brûle depuis si longtemps de se dévouer, est enfin à pied d'œuvre ! Elle est envoyée dans un petit dispensaire que tiennent les sœurs de Lorette, perdu au milieu de la jungle du Bengale. Les conditions de vie, dans une maison de bois sur pilotis, sont plus que sommaires. Le travail consiste à recevoir les malades, à aider les infirmières, à laver, faire les pansements, donner des règles d'hygiène et quelques médicaments… La jeune religieuse qui, de la maison familiale au couvent, a jusque-là toujours vécu dans un univers très protégé, entre en contact pour la première fois avec les paysans indiens, prend la mesure de leur dénuement, se familiarise avec leurs modes de vie, apprend leurs langues, principalement l'hindi et le bengali.

Elle décrit encore ses journées pour le journal des missions : « Beaucoup sont venus de loin, ayant fait trois heures de route. Couverts de plaies des pieds à la tête. Les ulcères leur font des creux et des bosses dans le dos. Beaucoup sont restés à la maison, trop faibles pour pouvoir venir, malades des fièvres tropicales. L'un d'entre eux est au dernier stade de la tuberculose… Je taille, presse, bande… Arrive un homme portant un paquet d'où pendent, comme deux branches sèches, les jambes d'un bébé… Le petit est très faible… il entrera vite dans l'Éternité. Je cours prendre de l'eau bénite. L'homme a peur que nous n'en voulions pas. Il dit : "Si vous ne le prenez pas, je le jetterai quelque part dans l'herbe. Les chacals ne le dédaigneront sûrement pas." Pauvre petit ! Avec pitié et amour, je le prends et le pose dans mon tablier. Le bébé a trouvé une seconde mère. »

Il y a déjà là en filigrane, dès les années 1930, toutes les intuitions que développera vingt ans plus tard Mère Teresa : l'attention aux plus pauvres, aux plus petits, le soulagement immédiat de leurs souffrances, le bonheur qu'il y a à être là, l'importance de ce que l'amour peut faire, même sans beaucoup de moyens matériels…

La jeune fille réputée fragile dans son enfance semble bien s'adapter à la dure vie missionnaire qu'elle avait rêvée, et trouver là l'accomplissement de sa vocation.

Retour à Loreto House

Mais, au bout de quelques mois seulement, Teresa est rappelée à Calcutta pour passer un diplôme d'enseignante : elle est destinée à devenir professeur de géographie. Pourquoi ? Sans doute ses supérieures estiment-elles que son éducation la prédispose mieux aux activités intellectuelles. Peut-être aussi veulent-elles préserver sa santé, ou encore ont-elles déjà décelé son autorité naturelle et ses talents d'organisatrice, et veulent-elles les faire fructifier à la maison mère ? On n'en sait pas plus sur les raisons de cette décision.

Toujours est-il que la petite sœur, qui a appris les vertus de l'obéissance au noviciat, accepte sans broncher cette nouvelle mission. Aucune amertume, aucune revendication ne filtrent. Elle retrouve le quartier européen de Calcutta, les murs de Notre-Dame de Lorette, la férule de sœur Marie du Cénacle.

Et bientôt, avec le même enthousiasme et la même énergie, la voilà enseignante. Elle exerce à la fois dans plusieurs établissements scolaires tenus par sa congrégation. Ils ne se ressemblent pas : l'un est payant, et donne aux jeunes filles de la bourgeoisie bengalie une éducation secondaire occidentale. L'autre accueille tous les enfants gratuitement, dont ceux qui habitent les bidonvilles. Trois cents élèves cohabitent parfois dans une seule classe. Surtout, cette école primaire Sainte-Thérèse est située à l'autre bout de Calcutta, et oblige la religieuse à plusieurs heures de marche à travers la ville, et les bidonvilles, pour la rejoindre. Ce qu'elle y voit, ce qu'elle y vit, la marquera à jamais. Et elle prend l'habitude de s'y arrêter : « Je ne peux rien leur donner, puisque je n'ai rien… mais cela leur fait plaisir d'avoir de la visite, je fais quelques soins, j'aide au ménage… »

La jeune sœur Teresa aime enseigner, et elle y réussit bien. Aux jeunes filles de bonne famille, elle applique les principes moraux et pédagogiques qui ont fait sa propre éducation. Après les cours, elle les emmène aussi visiter les bidonvilles, leur apprend à consacrer du temps et de l'attention aux plus pauvres.

Avec les enfants de ces *slums*, plutôt que de reproduire le modèle d'enseignement occidental comme cela se faisait le plus souvent à l'époque, elle s'adapte avec souplesse. Elle enseigne l'alphabet, la lecture, mais aussi la propreté. En prenant elle-même la serpillière pour nettoyer une salle de classe par exemple… Ces travaux, considérés comme dégradants dans la société hindoue, ne sont en général accomplis que par les castes inférieures, les intouchables, et *a fortiori* jamais par une femme blanche… Elle rencontre les familles, s'intéresse à tous et à chacun, parle les différentes langues. Pour la première fois, les enfants des rues prennent l'habitude de donner à sœur Teresa le nom de *Ma*, la Mère, qui lui restera jusqu'à sa mort.

Parce qu'elle semble si bien communiquer avec les autochtones, ses supérieures la chargent bientôt aussi de la formation et de l'accompagnement des sœurs de sainte Anne. Il s'agit d'une branche de la congrégation de Notre-Dame de Lorette qui s'est créée pour les jeunes filles bengalies désirant entrer dans la vie religieuse. Celles-ci portent le sari et vivent à la manière indienne. Une première expérience d'inculturation qui lui sera précieuse plus tard…

En 1937, sœur Teresa prononce ses vœux perpétuels. Elle semble parfaitement adaptée à la vie religieuse, et ses compétences d'enseignante et d'éducatrice sont reconnues par tous. Pourtant nous savons, à la lumière des documents versés dans le dossier de son procès en béatification, qu'elle connaît à ce moment une dure période de « nuit spirituelle » que personne autour d'elle ne soupçonne. Mais elle décide de faire confiance, par amour…

La directrice des études de Sainte-Marie

La suite est logique, cohérente avec les objectifs de la congrégation : une bonne religieuse, une bonne enseignante est appelée à prendre des responsabilités, dans les fonctions les plus en vue de l'ordre, celles qui font sa bonne réputation. Sœur Teresa est donc bientôt nommée directrice des études à Sainte-Marie d'Entally, l'institution qui éduque les jeunes Anglaises et les Indiennes huppées de Calcutta.

La voilà prise dans l'engrenage des responsabilités, toujours obéissante à ses supérieures, très dynamique, très occupée, très efficace. Mais enfermée dans le clos d'Entally, passant ses journées à gérer, organiser, faire fonctionner un établissement qui est une machine à reproduire des élites. Puisque c'est ce que l'on attend d'elle, elle le fait bien, et même avec plaisir. Mais sœur Teresa n'a plus le loisir de marcher dans la ville, d'apprendre les lettres aux enfants des bidonvilles, ni de partager les préoccupations de leurs familles.

Quand elle écrit à sa mère à cette époque, la jeune religieuse parle de ses responsabilités nouvelles, et en montre sans doute une fierté légitime. Nous ne connaissons que la réponse de Drana, qui rappelle sa fille à l'ordre : « Ma chère enfant, n'oublie pas que si tu es partie dans un pays si lointain, c'est pour les pauvres… »

Mme Bojaxhiu, restée derrière le rideau de fer, considère sans doute que son sacrifice de mère et de chrétienne, s'il aboutit à former une « apparatchik » de l'institution catholique, aurait été vain.

IV

La seconde vocation
ou « l'appel dans l'appel »

Le train de Darjeeling

Régulièrement, les religieuses abandonnent un moment toutes leurs activités quotidiennes pour faire retraite. Sœur Teresa, depuis qu'elle est en Inde, se retire ainsi une fois par an au couvent de Darjeeling, là où elle a accompli son noviciat.

C'est par le train que l'on s'y rend, un train indien, toujours bondé, ahanant sur les premières pentes de l'Himalaya, où chaque compartiment de troisième classe et chaque gare sont des tableaux de la misère humaine.

Nous sommes le 9 septembre 1946 au soir. La directrice des études de Sainte-Marie d'Entally, seule, en habit noir de religieuse, monte dans un wagon pour le voyage de nuit. Elle a trente-six ans, et compte maintenant près de vingt années de présence en Inde. L'Europe, qui sort déchirée de la Seconde Guerre mondiale, lui semble sans doute désormais bien lointaine.

Son pays n'existe plus, sa famille est dispersée derrière le rideau de fer.

Elle est là pour faire le point et approfondir toujours plus sa vie spirituelle. Lors d'une précédente retraite, en 1942, elle avait ressenti le désir intense de « faire quelque chose de très beau pour Jésus », comme elle le racontera plus tard à ses sœurs. Avec l'approbation de son directeur spirituel, elle avait alors prononcé en secret un quatrième vœu personnel, celui de donner à Dieu « tout ce qu'Il lui demanderait, sans rien Lui refuser ». Cet engagement, que personne ne connaît alors, prendra tout son sens plus tard dans la vie de la religieuse, parce qu'il a été tenu jusqu'au bout. Cette fidélité fut la raison profonde de sa détermination dans l'action, et aussi le secret de sa force durant les épreuves. Elle le révélera, seulement dix-sept années après, à l'archevêque de Calcutta, alors que celui-ci hésitait à la laisser aller de l'avant dans la fondation d'une nouvelle congrégation. Cet acte de soumission total qu'elle pose alors est aussi la ligne directrice de l'enseignement qu'elle donnera plus tard à ses sœurs.

Sans doute donc, depuis ce vœu de 1942, dans le silence de la prière se creuse un manque dans sa vie conventuelle, et se dessine en elle un nouvel élan.

Pendant cette nuit, cahotée et pressée dans la foule des voyageurs, la religieuse prie : « J'entendis l'appel de tout laisser et de suivre le Christ dans les bidonvilles, au milieu des plus pauvres parmi les pauvres. Je savais que c'était sa volonté, et il fallait le faire. »

C'est elle qui définira l'importance de ce moment fondateur : « C'était un appel à l'intérieur de ma vocation, une sorte de seconde vocation. »

Cette expérience mystique ressemble à la conversion

que connut saint François dans la chapelle de la Portioncule, à deux pas d'Assise. Fou de joie, il quitta tout pour partir sur les chemins… Et encore avant à celle de saint Augustin, perdu dans ses pensées sous un figuier, qui se sentit d'un coup appelé, en lisant une épître de saint Paul, à créer une communauté de chrétiens. Ce qu'il fit aussitôt.

Un tel moment, unique dans une vie de foi, semble à Teresa véritablement une grâce « tombée du ciel ». Mais il a été préparé dans le secret de centaines d'heures de prières, d'expériences humaines vécues dans la foi, qui ont forgé et mûri peu à peu une certitude. Sœur Teresa, bien plus tard, osera parler d'une « voix intérieure » et de « visions ». Elles se renouvelleront durant les mois suivants, puis s'arrêteront définitivement. Et seront pour elle, mais pour elle seule, l'aboutissement du vœu de 1942. On sait maintenant, grâce aux écrits qu'elle a laissés, que Mère Teresa, dès ce moment-là, reçoit non seulement un appel personnel, mais la vision d'une communauté entière dédiée au service des plus pauvres d'entre les pauvres, « pour étancher la soif » d'amour de Dieu. L'anniversaire du 10 septembre est donc célébré chez les Missionnaires de la Charité comme « le jour de l'inspiration » fondatrice de leur ordre.

Jusqu'à sa mort, la religieuse a cependant gardé le silence sur les détails de cette révélation. Elle l'a expliqué ainsi à ses sœurs vers la fin de sa vie : « J'ai souhaité, comme la Vierge Marie, garder toutes ces choses dans mon cœur… C'est quelque chose de si intime, de si sacré, qu'encore aujourd'hui, j'éprouve de la timidité à en parler. » Elle a même demandé à ce que les lettres échangées avec sa hiérarchie, au moment où ont été prises les décisions la concernant, soient détruites. Ce qui n'a pas été fait, heureusement pour la reconstitution des faits. Ces lettres font partie des documents rassemblés en vue de la béatification.

Durant toutes ces années d'obéissance confiante, peut-être sœur Teresa a-t-elle pris conscience par elle-même que l'Église catholique, venue en Inde pour annoncer l'Évangile à tous les peuples, se cantonnait de fait aux plus privilégiés. Peut-être l'odeur âcre et pourrissante du bidonville de Moti Jheel, en atteignant le jardin soigné des religieuses, lui a-t-elle rappelé régulièrement la réalité de la misère, alors que d'autres ne la voyaient même plus ?

Tout cela sans doute. Mais ce n'est pas la raison première de son action. Sa foi dépasse cela, et son combat n'est pas de cet ordre. Sœur Teresa ne fait pas d'analyse politique, ne juge pas, ne critique personne. Elle discerne en elle-même et obéit à l'appel de son Dieu, parce qu'elle a mis en Lui toute sa confiance, depuis l'enfance.

L'exclaustration

La retraite de Darjeeling accomplie, sans que quiconque ne soupçonne ce qui s'est passé, sœur Teresa rentre à Calcutta. Silencieuse, elle reprend sa vie quotidienne. Mais s'ouvre à son confesseur, le père Van Exem, de l'appel qu'elle a ressenti. D'une volonté, non pas la sienne, mais celle de Dieu : quitter le couvent de Notre-Dame de Lorette, tout en restant fidèle à ses vœux de religieuse, pour s'installer seule dans les bidonvilles, au service des pauvres. Sœur Teresa lui confie aussi les notes qu'elle a prises durant la retraite. Ainsi seront-elles conservées. Le père, qui la connaît bien, prend au sérieux l'affaire, mais se donne du temps pour discerner s'il s'agit bien là d'une inspiration divine. En attendant, il lui ordonne de « prier et garder le silence ». Ce n'est qu'en janvier 1947 qu'il transmet lui-même la demande de la religieuse à l'archevêque de Calcutta, Mgr Périer.

Celui-ci refuse. On est alors à la veille de l'indépendance de l'Inde. Les tensions entre les différentes communautés montent, la présence européenne et coloniale est violemment remise en cause. Ce n'est pas le moment de laisser une femme blanche qui, certes, vit depuis longtemps dans le pays et en parle les langues, mais n'a aucune expérience hors les murs de son couvent, aller courir seule les bidonvilles de Calcutta ! *(Voir encadré.)*

Mgr Périer, lui-même d'origine française et donc en butte au soupçon des autorités, défend pourtant l'idée, bien avant le concile Vatican II, que l'Église catholique, pour réussir dans sa mission d'évangélisation, doit « s'inculturer », s'imprégner de la philosophie et de la culture indiennes.

Sœur Teresa, en religieuse obéissante, se plie à la décision épiscopale : « Il lui était impossible de réagir autrement. Un évêque ne peut pas accorder créance à toutes les religieuses qui viennent le voir en prétextant que les projets obstinés qu'elles lui présentent sont le fruit de la volonté divine. »

Cependant, un an plus tard, après de longues méditations au cours desquelles les visions se sont renouvelées, sœur Teresa maintient sa demande de quitter son ordre. Mais avec l'autorisation de l'Église, à laquelle elle veut avant tout rester fidèle. Le père Van Exem lui permet de s'adresser directement à l'archevêque. Cette lettre a été conservée :

« Votre Grâce,

Depuis septembre 1947, d'étranges pensées et désirs remplissent mon cœur… Je veux d'abord vous dire que sur un seul mot de votre part, je m'engage à ne plus accorder aucune attention à ces pensées qui m'habitent continuellement… Je me sens appelée à aimer Jésus comme il ne l'a jamais été aimé auparavant, à tout faire pour Lui… Je souhaite devenir moi-même indienne, pour ramener vers lui des âmes indiennes… Quelque chose me pousse à tout quitter pour choisir cette vie, avec sa solitude, sa précarité, ses difficultés immenses… Une fois, pendant la sainte communion, j'ai distinctement entendu une voix qui me disait : "Je veux des religieuses indiennes, si profondément unies à moi que leur amour rayonnera sur les âmes tout autour d'elles…" Et une autre fois : "Le désir de sauver des âmes t'a emmenée si loin de ton pays, refuseras-tu l'étape suivante ? Voici ta vocation, elle est d'aimer, et de souffrir, et d'attirer des âmes vers Dieu… Me refuseras-tu cela ? Tu t'habilleras d'un simple sari, simple et pauvre comme l'étaient les vêtements de ma mère, et cet habit sera sanctifié"… »

Et la religieuse précise : « Tout d'abord, ces paroles m'ont beaucoup effrayée : j'ai été et je suis heureuse en tant que religieuse de Lorette. J'ai donc beaucoup prié pour devenir plus sainte encore dans cette voie-là. Mais une fois de plus, la voix a été claire : "Je veux des missionnaires de la charité, qui seront un feu d'amour parmi les pauvres, travailleront pour les malades, les mourants, les enfants des rues. Tu as toujours dit que tu ferais ma volonté ; maintenant je veux des actes ! Je sais bien que tu es faible, mais c'est justement pour cela tu que peux me servir. Tu endureras beaucoup de souffrances, mais fais-moi confiance, aveuglément, fidèlement… Nombreux sont les membres du clergé qui s'occupent des riches, mais il n'y a rien, rien, pour mes enfants les plus pauvres, ceux que j'aime particulièrement. Me refuseras-tu cela ?" »

Dans cette lettre, à travers les mots et la spiritualité de l'époque, on discerne donc déjà un projet original, aux contours clairement dessinés, et aussi le combat d'une femme qui s'en remet à la volonté de Dieu plutôt qu'à ses propres désirs.

La situation politique est de plus en plus tendue, car l'indépendance de l'Inde, proclamée en 1947, a été précédée de la partition du Pakistan musulman en deux entités, dont la partie orientale deviendra, en 1970, le futur Bangladesh. Des millions de réfugiés hindous affluent, misérables et sans abri, sur les trottoirs de Calcutta, la grande ville indienne la plus proche. Les différentes communautés religieuses, qui avaient su cohabiter jusque-là, se déchirent et provoquent des massacres. La violence atteindra son apogée avec l'assassinat du Mahatma Gandhi par des fanatiques en janvier 1948.

Et pourtant… L'archevêque, après de longues réflexions, méditations et consultations, transmet la demande de sœur Teresa au pape Pie XII à Rome. Désormais, il accompagnera et aidera la religieuse de tout son pouvoir. Le Vatican accepte, si la Supérieure générale de Notre-Dame de Lorette et l'archevêque en sont d'accord, une « exclaustration » valable pour une année. Ce qui est bientôt fait.

Au couvent, on célèbre une grande fête d'adieu, avec de beaux chants bengalis un peu mélancoliques, pour sœur Teresa. Et le 18 août 1948, après avoir long-temps prié à la chapelle, elle quitte pour toujours l'habit et le voile des religieuses occidentales, pour revêtir un sari, la tenue traditionnelle des femmes indiennes. Soit sept mètres de cotonnade blanche bordée de trois lisérés bleu vif, aux couleurs de la Vierge Marie. Une petite croix de bois est accrochée sur son épaule gauche.

Les préparatifs

En partant, la religieuse emporte seulement un petit sac en tissu qui contient sa Bible, un carnet et quelques roupies. Mais elle est conduite par une certitude : « Dieu m'accompagne ; c'est Lui qui l'a voulu. »

L'archevêque, en donnant sa bénédiction, lui avait fait deux recommandations. D'abord de se former aux soins médicaux de base, pour survivre elle-même dans les bidonvilles. La tuberculose, le paludisme, le cho-léra sévissent à l'état endémique et déciment les popu-lations ; pour donner aussi à sa présence une efficacité pratique, selon la tradition missionnaire classique.

Sœur Teresa commence donc par se rendre à Patna, dans l'État du Bihar, où des religieuses missionnaires américaines tiennent un hôpital. Là, pendant deux mois, elle reprend les rudiments de ce qu'elle avait découvert aux tout débuts de sa vie religieuse, dans la jungle bengalaise : comment assainir, assister, soigner,

L'Inde contemporaine

L'empire Moghol fondé au XVIᵉ siècle domine le sous-continent indien, puis décline à partir du XVIIIᵉ et se morcelle en de multiples et innombrables États indépendants. Les puissances occidentales s'y installent alors, et en particulier les Anglais avec la Compagnie des Indes. Toutes rivalisent pour y obtenir des concessions économiques, les fameux « comptoirs », comme Calcutta, Madras, Goa, Pondichéry…

Avec la chute de l'empire Moghol (1858), le pays devient colonie britannique : c'est l'empire des Indes (1877-1947). Le nationalisme indien se réveille, en particulier sous l'influence du Mahatma Gandhi, qui demande aux Anglais de quitter l'Inde. Après des années de révoltes et de combats, l'indépendance de l'Union indienne est proclamée en 1947. Mais une partie du pays fait sécession pour devenir l'État musulman du Pakistan.

Après Gandhi, c'est Jawaharlal Nehru qui domine la vie politique du pays, avec son « parti du Congrès » jusqu'au début des années soixante, puis sa fille Indira Gandhi jusqu'à ce qu'elle soit assassinée en 1984. Le parti du Front national prend alors le pouvoir.

De violents affrontements marquent toute cette période : la sécession du Pakistan au moment de l'indépendance, puis celle du Bangladesh en 1970, entraînent l'exode de millions de personnes, et de nombreux massacres. De même qu'entre Assamais et Bengalis, Hindous et Musulmans, Sikhs et Hindous. L'Union indienne est cependant la plus grande démocratie au monde.

panser. Elle y fait aussi une rencontre importante pour l'avenir : une jeune infirmière belge, Jacqueline De Decker, a entendu parler des projets de sœur Teresa et vient à sa rencontre à Patna. Une communion de cœur, des projets communs, se nouent alors entre les deux femmes, qui produiront les fruits que l'on verra. Puis la religieuse retourne à Darjeeling, là où tout a commencé, pour une ultime retraite spirituelle. Enfin, après ces longs préparatifs, fidèle à l'appel, sœur Teresa retourne à Calcutta.

Elle a obéi aussi à la seconde recommandation de l'évêque : il lui demandait de prendre des notes durant les six premiers mois de son expérience. C'est ainsi que nous avons « de l'intérieur » le récit des commencements.

V

Les commencements

L'enfouissement

La jeune femme a à peine quarante ans, et en elle toute l'énergie accumulée depuis l'appel, puis mise à l'épreuve pour faire tomber les obstacles. Elle décide de commencer par marcher sans but à travers la ville, pour s'en imprégner et se mettre à l'écoute des besoins de ses habitants. Elle est écrasée par l'immensité de la misère qui l'entoure, ne sait comment s'attaquer à la tâche qui lui a été fixée. Il faut imaginer cette femme blanche parcourant seule les quartiers les plus défavorisés de Calcutta, où les Européens ne se risquent guère. On y est assailli par les odeurs, entre la fumée âcre du charbon de bois et les relents d'égouts qui prennent à la gorge. Par un tintamarre incessant, entre les injures qui fusent, les carrioles ou rickshaws qui grincent, tirés par des « hommes-chevaux », les cris des corneilles à la recherche de leur nourriture. Chaque centimètre carré grouille : ceux qui n'ont de toit autre que quelques bâches ou tôles rouillées vivent dehors, mangent, prient ou dorment, étalent leurs plaies au milieu des ordures de la vie quotidienne. Les anciennes maisons coloniales sont rongées par l'humidité, la végétation, la saleté, à moitié détruites, une lourde poussière grise, qui devient cloaque pendant la saison des pluies, recouvre tout.

Sœur Teresa note : « Je marche longtemps, jusqu'à en être épuisée. Mes mains et mes jambes tremblent. Je commence à comprendre vraiment la souffrance physique et l'angoisse des pauvres toujours en quête d'un abri, de nourriture, de médicaments. »

Elle sait pourtant qu'en tant que religieuse blanche, jamais elle n'atteindra le même degré de dénuement. L'Église catholique la soutient : elle est d'abord accueillie dans un foyer des petites sœurs des pauvres ; puis le père Van Exem la met en contact avec une famille d'un quartier défavorisé. Au premier étage de leur maison, il y a deux pièces libres. Et c'est la petite fille de huit ans qui suggère à son père d'accueillir sœur Teresa pour un loyer très symbolique.

De cette période d'enfouissement, quelques épisodes sont restés dans la mémoire collective de la congrégation des Missionnaires de la Charité. Quelques-uns parmi d'autres, parce qu'ils sont les symboles des intuitions fondatrices et les prémices des futures fondations.

Aux tout débuts, sœur Teresa possède cinq roupies en poche, soit quelques centimes d'euros actuels. Un premier mendiant l'arrête, à qui elle donne une roupie pour manger. Puis un deuxième, un troisième… Fatiguée, elle s'arrête dans une église pour prier. Là, un prêtre l'aborde, qui quête pour fonder un journal catholique ; elle ne peut lui refuser sa dernière roupie… La voilà affamée, qui erre dans les rues, s'en remettant à la Providence. Quand un homme lui apporte une enveloppe : il y a là cinquante roupies, sans un mot. Quelqu'un a entendu parler du projet de la religieuse, et veut y apporter son obole... L'histoire, d'une façon ou d'une autre, se renouvellera souvent : petits miracles quotidiens fondés sur une confiance absolue en la Providence. Pour sœur Teresa, Dieu est là, qui veille sur elle, et la conduit.

L'action

S'appuyant, pour commencer, sur ce qu'elle sait faire, sœur Teresa s'attaque à l'ignorance des enfants des rues. Elle trouve un bout de terrain et le transforme en école. Les enfants affluent, bien qu'il n'y ait rien que de la boue pour tracer les lettres de l'alphabet. Ils sont cinq le premier jour, une cinquantaine au bout d'une semaine. Pour récompenser les petits de leur travail, elle leur offre des morceaux de savon, et leur apprend ainsi comment se débarbouiller. C'est pour elle une manière, minuscule, de les arracher à la désespérance qui englue le bidonville, de leur offrir de l'attention, un avenir... Mais, comme le note un ecclésiastique de passage : « Pourquoi apprendre des lettres à des enfants qui ne sauront jamais lire, pourquoi montrer l'usage du savon à des enfants qui ne pourront jamais s'en acheter ? »

La religieuse, qui a passé sa vie à être efficace, avec des résultats tangibles, doit inventer une forme de présence qui se réduit à l'amour, auprès de gens qui ne l'attendent pas, et ne la comprennent pas toujours.

Forte de ses quelques nouvelles connaissances médicales, sœur Teresa ouvre aussi un petit dispensaire, pour ceux qui ne sont accueillis nulle part, où elle offre plus de sollicitude que de médicaments. Même si, quand cela est nécessaire, elle n'hésite pas à mendier elle-même pour s'en procurer. Encore une anecdote significative, racontée par le propriétaire de son logement, désormais acquis à sa cause avec toute sa famille : un jour, un de ses malades a besoin de médicaments. Elle entre dans une pharmacie, et fait sa commande, tout en précisant qu'elle n'a pas d'argent pour la payer. Le pharmacien commence par refuser. Sœur Teresa s'assoit dans l'officine et attend, tout en égrenant son chapelet. Jusqu'à ce qu'il finisse par les lui offrir…

Une autre fois, elle entend des gémissements venant d'une poubelle. S'approchant, elle trouve une vieille femme en train de mourir, le corps déjà envahi de vers. Cette femme a été abandonnée là par son fils. Mère Teresa la charge sur son dos, lave ses plaies, et accompagne son agonie de tout son amour, jusqu'à ce que l'aïeule retrouve un peu de sérénité et pardonne à son fils. Elle mourra en paix.

La nuit de l'âme

« Quitter Loreto a été pour moi le plus grand sacrifice, la chose la plus difficile que j'ai jamais faite. Ce fut beaucoup plus douloureux que de quitter ma famille et mon pays pour entrer dans la vie religieuse. Loreto était tout pour moi », écrit sœur Teresa en évoquant cette période des débuts.

En marchant à travers la grande ville, elle reconnaît avoir eu souvent la tentation de se réfugier dans la sérénité des murs du couvent, où sa place l'attendait toujours…

C'est tout ce que Mère Teresa a laissé filtrer de ses souffrances spirituelles. Et ce, jusqu'à sa mort.

Or, cette période, après l'expérience mystique de l'appel, après l'exaltation de l'attente, semble avoir été plus difficile encore qu'on ne l'imaginait, et bien au-delà des difficultés matérielles. Sœur Teresa a connu aussi le doute, le désert de la foi. Le père Brian Kolodiejchuk, avocat de la cause de sa béatification, et qui a eu accès aux « carnets intimes » rédigés durant les années cinquante à soixante, évoque une « sombre nuit de l'âme », telle que l'ont connue saint Jean de la Croix, et aussi sa patronne sainte Thérèse de Lisieux. Au moment même où la religieuse commence à travailler dans les rues de Calcutta, l'intense union qu'elle ressentait jusque-là avec Jésus disparaît. Ce sentiment de la présence sensible de Dieu à ses côtés est remplacé par l'impression douloureuse d'être séparée de Lui, et même rejetée par Lui. Elle écrit alors à son confesseur : « Si vous saviez par quoi je passe… » Et comme un cri d'amour blessé : « Plus je tends vers Lui, moins je me sens désirée par Lui. » Elle avoue même le doute ultime : « Je sens en moi une terrible souffrance de son absence, Dieu qui me rejette, Dieu qui ne serait pas Dieu, Dieu qui n'existerait pas… »

Seule alors sa foi, sa promesse, et une soumission qu'elle veut aveugle, lui permettent de continuer. C'est l'expérience du Christ sur la Croix. C'est l'épreuve du feu qui purifie, celle qui est donnée aux grands

Méditation de Mère Teresa,
écrite à l'hôpital à la fin de sa vie

La parole faite chair.
Le pain de Vie.
La victime offerte pour nos péchés sur la Croix.
Le sacrifice offert à la sainte messe pour les péchés du
monde et les miens.
La parole à dire.
La Vérité à faire connaître.
Le chemin à parcourir.
La lumière à diffuser.
La vie à vivre.
L'amour à aimer.
La joie à répandre.
Le sacrifice à offrir.
La Paix à donner.
Le Pain de Vie à manger.
L'affamé à nourrir.
L'assoiffé à rassasier.
L'être nu à vêtir.
Le sans-abri à loger.
Le malade à guérir.
L'isolé à aimer.
L'indésirable à accueillir.
Le lépreux pour laver ses plaies.
Le mendiant pour lui sourire.
L'ivrogne à écouter.
Le malade mental à protéger.
Le tout-petit à embrasser.
L'aveugle à guider.
Le muet pour parler à sa place.
L'estropié pour marcher avec lui.
Le drogué à secourir.

La prostituée à sortir du danger et à secourir.
Le prisonnier à visiter.
Le vieillard à servir.
Pour moi :
Jésus est mon Dieu.
Jésus est mon époux.
Jésus est ma vie.
Jésus est mon seul Amour.
Jésus m'est indispensable.
Jésus est mon Tout.

mystiques pour se détacher d'eux-mêmes, de tout ce qui n'est pas essentiel, pour qu'il ne reste plus rien que l'amour. La véritable grandeur spirituelle de Mère Teresa est de l'avoir compris ainsi, d'avoir « tenu » dans ces heures obscures, de les avoir acceptées comme un partage des souffrances du Christ, et supportées comme une preuve d'amour. Mère Teresa semble avoir parcouru cette « nuit de l'âme » durant une dizaine d'années. Et pourtant sa foi ne s'est pas effritée, son travail n'a pas diminué. Au contraire, en cheminant plus avant dans ce parcours spirituel, elle a appris à sortir d'elle-même pour se tourner plus vers les autres, les pauvres auxquels elle s'est consacrée. Elle a pu mieux comprendre leurs souffrances de tous ordres. Plus encore, l'épreuve lui a donné le don de rayonner, de communiquer l'amour de Dieu, de trouver les mots d'espoir et de consolation. C'est dans ce sens qu'elle a pu dire plus tard que cette souffrance était une grâce reçue en plénitude.

A partir des années soixante, elle peut enseigner à ses sœurs comment les difficultés nourrissent « la part spirituelle de leur apostolat », comment elles donnent du sens à leur travail, le rendent fécond. Et comment le partage des souffrances du Christ permet de le suivre aussi jusqu'à la Résurrection.

VI

La fondation de la Congrégation

Sœur Teresa avait quitté le couvent de Lorette sans laisser d'adresse, pour se fondre dans la foule de Calcutta. Mais l'écho de son projet ne s'était pas perdu dans les cœurs.

Certaines surent vite la retrouver. Dès les premières semaines où elle s'installe au 14, Creek Lane, dans la maison d'une famille qui l'accueille, une veuve indienne, Charur Ma, qui travaillait à la cuisine du couvent de Lorette, la rejoint pour l'aider. Quelques mois plus tard, c'est une jeune fille de dix-neuf ans qui frappe à sa porte. Subashini Das a été élève à Sainte-Marie, et est restée très marquée par son ancien professeur. Elle appartient à la caste des brahmanes, la plus élevée dans la hiérarchie hindoue, pour qui les travaux quotidiens sont réputés impurs. Elle voudrait néanmoins partager son idéal et sa vie au service des pauvres. La religieuse commence par l'éconduire avec autant de gentillesse que de fermeté. Comme elle-même a été mise à l'épreuve autrefois, au moment de s'engager dans sa vocation. Et puis la vie dans les bidonvilles est si dure, trop dure sans doute pour une jeune fille aux saris de soie trop précieuse... Mais Subashini, après avoir pris encore le temps de réfléchir, revient à la charge. A l'exemple de Teresa, elle s'habille d'un simple sari de coton pour se présenter de nouveau à la porte de Creek Lane. C'est une forme de probation : alors, elle est accueillie avec joie, première postulante de la future congrégation. Elle deviendra sœur Agnès en religion.

Et encore des anciennes élèves, d'autres qui ont entendu parler de Mère Teresa, indiennes et européennes. Sœur Gertrude, sœur Dorothée, sœur Marguerite, sœur Marie, venue du Bangladesh...

On sait que le projet d'un ordre de religieuses missionnaires de la charité était déjà tout prêt dans le cœur de Mère Teresa, depuis les voix et visions intérieures des années 1946 et 1947. Elle prend donc ces arrivées comme la confirmation que son œuvre vient bien de Dieu, et l'en remercie dans la prière. C'est alors sans doute qu'elle devient « mère » au plein sens du terme, en retrouvant sa vocation d'éducatrice. Une première forme de noviciat se met en place, alliant travail, formation spirituelle et professionnelle. Les familles de ces jeunes filles s'inquiètent de les voir ainsi abandonner leurs études pour une vie si aléatoire, en dehors de toute structure et de toute sécurité. La fondatrice ne met aucune condition d'âge ou de formation, affirmant même : « Plus vous venez tôt, mieux c'est... » Mais elle se fait répétitrice ; ses qualités de pédagogue ajoutées à la motivation des élèves donnent de bons résultats aux examens. Il y aura parmi les sœurs des médecins, des infirmières, des assistantes sociales, des juristes. Toujours dans le but de soigner et défendre les droits des opprimés.

Au moment même où l'Église des années cinquante entre déjà dans une période de crise des vocations, Mère Teresa voit venir à elle de nombreuses postulantes. Au bout d'un an, elles sont vingt-six à partager une vie austère, faite de prière et de travail auprès des plus pauvres, mais aussi d'enthousiasme à vivre une aventure comparable à celle des communautés chrétiennes primitives.

L'archevêque de Calcutta accorde donc à Mère Teresa une nouvelle année d'exclaustration, au terme de laquelle un statut définitif devra être défini pour la communauté.

Mais il faut bientôt trouver d'urgence une maison plus grande pour accueillir les nouvelles arrivées. Comme le petit groupe de femmes n'a pas une roupie devant lui, c'est l'évêché qui achète en leur nom un bâtiment au 54, Lower Circular Road, au milieu d'un quartier populaire de Calcutta.

Lorsque commencent les négociations, le vendeur, musulman qui doit partir s'installer au Pakistan, se retire pour prier. Et revient en acceptant d'emblée la première offre faite, soit un prix bien inférieur à la valeur réelle de la maison. « Dieu m'avait donné cette maison ; je la lui rends… »

Mère Teresa y voit encore un de ces signes de la Providence qui jalonnent son chemin, et qui sont pour elle source de force pour continuer dans sa nuit. Même si la transaction est aussi traversée par les tensions politiques, et que le vendeur préfère vendre à vil prix à des chrétiens plutôt qu'aux hindous qui le chassent…

Lorsqu'elle se rend sur les lieux pour la première

Maison mère à Calcutta – juillet 1991
(© Ciric/Marcel Crozet).

fois, elle s'écrie : « C'est beaucoup trop grand ! »
Pourtant, depuis, ils n'ont jamais désempli, des milliers
de novices y sont passées et la maison mère de l'ordre
s'y trouve toujours.

La petite communauté s'installe donc dans une
bâtisse grise à trois étages entourant une cour, où l'on
installe aussitôt une statue de Notre Dame. On y crée
aussi une chapelle, en hommage à l'ultime Maître des
lieux : une pièce blanche, recouverte de nattes où l'on
s'accroupit à l'indienne pour l'oraison. Au pied de la
Croix, une inscription : « J'ai soif », que l'on retrou-
vera dans toutes les fondations ultérieures. Comme un
rappel du sens de la mission : cette soif de Dieu était
déjà évoquée dans les notes prises par la religieuse
durant la retraite de 1946.

Le reste de l'installation est spartiate. Toutes les
sœurs dorment ensemble dans un dortoir, sur des
matelas de paille, sans intimité. On y refuse même les
ventilateurs, qui semblent pourtant indispensables aux
Occidentaux pour supporter le climat de chaleur moite
de Calcutta. Pas d'appareils ménagers, pas de rideaux
aux fenêtres. Chacune lave son sari de rechange dans
un seau, tous les jours. La propreté méticuleuse, source
d'hygiène, est recommandée et enseignée.

Cependant, tout le bruit, les odeurs et la poussière
des villes indiennes entrent par les fenêtres de la
maison : grincement des trams, piétinement des pas-
sants, cris stridents des vendeurs.

La langue de l'ordre est l'anglais, que toutes doivent comprendre et parler. Il y a trop de dialectes diffé-
rents en Inde pour communiquer, et la formation
spirituelle nécessite des livres, des « instructions »
orales, qui sont ainsi plus faciles à trouver, à donner.

Pas d'administration ou si peu, sur une vieille machine à écrire, des décisions rapides, des religieuses disponibles et mobiles car peu encombrées d'intendance. Dès les débuts, un emploi du temps rigoureux est institué, sur le modèle de la vie monastique. Les sœurs se lèvent à quatre heures et demie le matin, font oraison personnelle, puis participent ensemble à l'Eucharistie, chaque jour, avant de déjeuner et de s'occuper de la maison. Puis elles s'en vont travailler, toujours deux par deux. Car, dit la fondatrice, « en cas d'urgence, deux têtes valent mieux qu'une seule, et quatre mains sont plus efficaces que deux ». De nouveau, elles se retrouvent pour un déjeuner commun, une prière et une courte sieste, et repartent vers leurs lieux de travail, souvent à plusieurs heures de marche. Les novices restent pour étudier. Le soir, temps collectif encore d'adoration silencieuse, avant le « conseil » qui organise les activités du lendemain. Le dimanche est tout entier consacré à la prière.

Les sœurs ne prennent de vacances dans leur famille que tous les neuf ans, et ne lisent que des livres d'études. Personnellement, elles ne possèdent en tout et pour tout que deux saris, un vêtement chaud, des sous-vêtements et des sandales, un seau, un matelas et une paire de draps. La nourriture est simple mais abondante. Mère Teresa y tient, et l'exige de ses sœurs comme un acte d'obéissance. Elle sait que pour être efficace il faut être en bonne santé, et bien nourrie pour résister à toutes les maladies côtoyées dans les bidonvilles. Il y a des fruits pour les vitamines, et trois ou quatre « chapatis », ces galettes de maïs qui font la base des repas indiens. Mais parfois, la nourriture vient à manquer, et il faut alors faire confiance à la

Providence. Il est arrivé qu'au couvent, à l'heure du dîner, il n'y ait plus rien. Et que par miracle, quelqu'un sonne à la porte, apportant en cadeau du riz, des œufs…, sur une inspiration subite et inexplicable.

Mère Teresa rédige elle-même, tard dans la nuit, les « constitutions » de l'ordre qui est en train de s'organiser. Elle aurait voulu qu'il ne possède rien en propre, ni maison ni rien de matériel, et dépende entièrement, au jour le jour, de la Providence. Les pères jésuites qui accompagnent l'expérience depuis ses débuts la ramènent à plus de réalisme juridique.

En octobre 1950, une « bulle » (décret) de Rome consacre l'existence de la congrégation des Missionnaires de la Charité, pour le diocèse de Calcutta.

Et en avril 1953, dans la cathédrale du Saint-Rosaire, les sœurs de la première heure prononcent leurs vœux, tandis que Mère Teresa s'engage à perpétuité au service de la communauté. Outre les promesses de pauvreté, de chasteté et d'obéissance, celles qui s'appellent désormais les Missionnaires de la Charité font un quatrième vœu original, celui de servir les pauvres en renonçant à toute récompense matérielle.

En 1965, la congrégation obtient le statut pontifical, c'est-à-dire qu'elle est directement rattachée à Rome.

VII

La spiritualité de mère Teresa

Une doctrine classique

Formée à la vie religieuse par sa famille d'abord,
puis par une congrégation religieuse classique, avant le
concile Vatican II, Mère Teresa mêle ce socle de doctrine traditionnelle, qu'elle n'a jamais remis en question, avec ses propres intuitions, originales pour
l'époque, et le pragmatisme tiré de son expérience. Au
moment de tracer les grandes lignes de sa spiritualité à
l'intention de sa communauté naissante, elle est
accompagnée par le clergé occidental en mission à Calcutta. En effet, elle a toujours donné un rôle important, paternel, à ces « bons prêtres » qu'elle jugeait
indispensables à la vie spirituelle de ses sœurs comme
d'elle-même. Le père Van Exem, jésuite, est le premier
témoin et le facilitateur de l'inspiration divine. De plus,
c'est un juriste, qui l'aide à rédiger ses « constitutions » ou règles de vie de la congrégation des Missionnaires de la Charité, d'une manière conforme au droit
canon. Le père Henry, en tant que curé de la paroisse

Sainte-Thérèse, toute proche de la première maison de Creek Lane, l'a appuyée dans ses débuts et a été longtemps son confesseur. Enfin, le père Le Joly, jésuite également, fut l'accompagnateur spirituel de la communauté de Calcutta pendant près de quarante années. A partir de ses entretiens avec la fondatrice, il a rassemblé les éléments de l'histoire de la congrégation. On dispose aussi, pour percevoir sa spiritualité, de certaines des milliers de lettres et instructions spirituelles que Mère Teresa a écrites au cours de sa vie, pour accompagner ses sœurs dispersées aux quatre coins du monde. Ont été également rendus publics, plus récemment, les carnets personnels, dans lesquels Mère Teresa a consigné fidèlement les étapes de sa vie intérieure. Une part de celle-ci jusque-là cachée, moins lisse, plus douloureuse, mais rendant sa personnalité plus humaine et complexe, s'y dévoile. En même temps qu'une expérience de communion mystique avec le Christ souffrant, qui est peut-être, au-delà de l'œuvre accomplie, le lieu de sa véritable sainteté.

L'amour

« Là où il y a de la haine, que je mette l'amour… » Mère Teresa a voulu que tous les jours, partout dans le monde, les Missionnaires de la Charité, et tous ceux qui s'en réclament, récitent la prière de saint François d'Assise. *(Voir encadré.)*

Elle ne craint pas de dire qu'elle a avec Dieu une relation personnelle, amoureuse, à laquelle elle s'abandonne tout entière, des heures durant. C'est là qu'elle puise tout ce qu'elle transmet aux autres autour d'elle.

« Nous ne sommes pas des travailleuses sociales, répète-t-elle souvent. Mais des religieuses au service des plus pauvres, parce que nous aimons en eux le visage du Christ souffrant... Sans la conviction que c'est le Christ lui-même qu'on aime au travers des déshérités, pareil genre de vie serait impossible. »

La prière

Bien avant l'expérience de 1946, depuis l'enfance, l'oraison personnelle a toujours été première dans la vie de Mère Teresa. Même et surtout dans les périodes d'obscurité, même et surtout devant l'immensité et l'urgence du travail à mener. Ce n'est pas un devoir ou une ascèse personnelle, c'est sa nourriture quotidienne : « Plus nous recevons dans la prière silencieuse, plus nous pouvons donner dans notre vie active ; nous avons besoin de silence pour toucher les âmes. » Mieux encore : « L'action sans la prière ne vaut rien, et n'est pas tenable », constate-t-elle. Les Missionnaires de la Charité consacrent donc tous les jours quatre heures environ à la prière, personnelle ou communautaire, et à une célébration eucharistique. Mère Teresa a fait l'intime expérience que c'est ainsi que s'approfondit et se purifie la foi, lui permet de porter des fruits.

La pauvreté

C'est l'exigence la plus radicale et la plus originale, et qui constitue le quatrième vœu des Missionnaires de la Charité. Mère Teresa la conçoit comme la condition de la richesse spirituelle, d'une foi authentique, de la liberté. Elle écrit : « Notre pauvreté rigoureuse est notre sauvegarde ; nous ne voulons pas, comme d'autres ordres religieux l'ont fait dans leur temps, commencer par servir les pauvres pour en venir insensiblement à servir les riches. Pour comprendre et aider ceux qui manquent de tout, nous devons vivre comme eux. » Cependant, « la différence, c'est que nos miséreux sont pauvres par force, alors que nous le sommes par foi ».

Cette pauvreté est aussi un acte de confiance en la Providence : « Je ne pense jamais à l'argent, il arrive toujours… » Outre qu'elle refuse de posséder cette sécurité du lendemain que les pauvres n'ont pas, elle préfère dépendre de la Providence que de subventions qui la lieraient à un gouvernement, ou d'une administration trop lourde à gérer. Elle ne refuse certes pas les dons, qui lui permettent de développer son action. Mais elle refuse de thésauriser (longtemps, la communauté n'a pas eu de compte en banque…) : tout ce qui est disponible doit être utilisé immédiatement et intégralement. Il lui est arrivé de demander l'arrêt de versements, parce qu'elle ne pouvait les utiliser tout de suite. Quitte à risquer d'entendre dire, comme ce fut le cas un moment en Allemagne : « Mère Teresa a trop d'argent… »

Le service des pauvres

Cette pauvreté est au service des pauvres, pour les comprendre et partager leur vie. Il est donc écrit dans les constitutions que toutes les sœurs, quels que soient leur âge et leur fonction, doivent, tous les jours, consacrer un moment au service des pauvres. Ce service, que Mère Teresa appelle « le » travail, est toujours concret : soins aux malades et aux enfants, enseignement... Lorsque ses sœurs seront utilisées comme des auxiliaires par le clergé local, pour l'évangélisation ou la distribution des sacrements, elle n'hésitera pas à le rappeler à l'ordre.

Le sourire

« La vraie sainteté, c'est faire la volonté de Dieu avec le sourire ! La bonté doit apparaître sur vos visages, dans votre sourire, dans la cordialité de votre salutation. Vous devez toujours offrir un sourire joyeux aux enfants, aux pauvres. Vous ne devez pas seulement les soigner, vous devez leur offrir votre cœur. » Mère Teresa ne veut pas là montrer une gaieté factice, ni extérioriser un plaisir spontané, mais demande un effort conscient. Elle la première a fait l'expérience de l'effort que demande le sourire, ce cadeau offert à l'autre, lorsque l'on souffre, lorsque l'on est fatigué ou malheureux : « Mon sourire recouvre beaucoup de souffrances », avoue-t-elle un jour. Mais elle a compris aussi tout ce que cet effort fait sur soi-même peut transmettre alors de réelle compassion envers l'autre, d'espérance et de joie véritable. C'est sans doute la plénitude de Dieu qu'elle a su ainsi irradier.

L'humilité

Il y a chez cette femme une réelle humilité, qui sonne juste dans sa conscience de n'être qu'un « petit crayon entre les mains de Dieu ». C'est le travail de Dieu auquel elle donne son énergie, ce n'est pas le sien. « Priez pour moi, demande-t-elle ainsi un jour à son confesseur, afin que je ne gâte pas le travail de Dieu. » C'est par humilité qu'elle a si longtemps gardé le silence sur les grâces reçues durant les années de visions, comme elle l'écrit à l'archevêque de Calcutta, parce qu'elle souhaite s'effacer derrière la tâche à accomplir. « Si cette congrégation est une œuvre de Dieu, elle continuera à exister. Dieu trouvera une autre personne après moi… L'œuvre, c'est Son œuvre. Nous faisons le peu dont nous sommes capables, avant de disparaître. »

L'obéissance

Tout ce qu'elle a accompli durant sa vie l'a été uniquement par obéissance. Mère Teresa a répondu à l'appel reçu en 1946, en y déployant la ténacité et la fidélité que l'on sait. Solidement formée à l'obéissance à ses supérieures, elle n'y a jamais failli. C'est la même obéissance qu'elle inculque à ses sœurs : « Votre supérieure peut se tromper en vous donnant un ordre. Mais vous, vous ne vous tromperez jamais en lui obéissant. »

Elle sait de quoi elle parle, et exige des autres la même souplesse, parce qu'elle y voit une source de sanctification. Devenue elle-même supérieure, Mère Teresa impose, exige, et ne délègue guère…

La disponibilité

Mère Teresa a toujours décidé et mis en œuvre très vite ses décisions, pour répondre aux demandes au moment et telles qu'elles se présentaient. C'était sa manière à elle d'être complètement disponible à ceux qui en ont besoin. Les Missionnaires de la Charité, à la suite de leur fondatrice, doivent de la même façon être prêtes à partir en quelques minutes, vers là où c'est nécessaire : leur matelas roulé sous le bras, et toutes leurs possessions rassemblées dans un seau. Elles ne s'installent nulle part, ne créent guère de lien affectif personnel avec ceux qu'elles servent. Elles sont un jour là, demain ailleurs, et toujours au service de Dieu, à travers les plus pauvres.

La tolérance religieuse

Bien avant que l'on parle d'œcuménisme, la petite Albanaise catholique minoritaire, puis la jeune religieuse occidentale débarquant en pays étranger, a fait l'expérience des différences et des conflits religieux. Pour elle : « Il n'y a qu'un seul Dieu et c'est le Dieu de tous. Il est donc important de considérer les hommes comme égaux devant Dieu. J'ai toujours soutenu l'idée qu'il faut aider un hindou à devenir meilleur hindou, un musulman à devenir meilleur musulman, et un catholique à être meilleur catholique. »

Catholique fervente, indéfectiblement fidèle au pape et à l'enseignement de l'Église, Mère Teresa ne peut pas être soupçonnée de se contenter d'une religiosité qui gomme les différences. Mais elle ne cherche pas à convertir ceux qui aiment Dieu à leur manière : « Qu'on soit hindou, musulman ou chrétien, c'est la manière de vivre qui décide de l'appartenance à Dieu. Nous n'avons pas le droit de juger ou condamner... Ce qui compte, c'est d'aimer », dit-elle.

A chaque fois qu'elle se trouve avec les membres de différentes communautés religieuses, elle leur adresse la même invitation : « Prions ensemble notre Père commun. » Le vingt-cinquième anniversaire de la fondation de la congrégation sera célébré dans toutes les maisons de l'ordre par des prières communes avec des anglicans, des baptistes, des juifs, des parsis, des hindous, des sikhs et des bouddhistes.

VIII

L'œuvre

Une action résolument pragmatique

Mère Teresa, en répondant à l'appel de Jésus, s'est mise au service des plus pauvres sans idées préconçues ni plan d'action. C'est jour après jour qu'elle a découvert leurs souffrances et leurs besoins, et inventé sur le terrain comment y remédier, par quoi y répondre. Tout de suite, sans faire d'analyse socio-économique, sans demander rien à personne, simplement au nom du Christ.

Après les enfants de la rue, il y eut les mourants, les lépreux, les affamés, les enfants abandonnés… Et plus tard encore, quand les Missionnaires de la Charité se répandirent à travers le monde, les réfugiés, les malades du sida, les clochards des grandes villes… Tous ceux qui avaient besoin d'amour, sans distinction de race ni de religion.

La forme de son action a suscité bien des critiques : on a dit d'elle qu'elle était « plus une amie de la pauvreté que des pauvres », puisqu'elle refusait d'en chercher les causes et d'y remédier. Mais mère Teresa ne se battait pas sur ce terrain-là : elle croyait à l'exemple plus qu'aux discours, voulait allumer la petite lampe de l'amour, faire un premier pas, pour qu'ensuite se lèvent d'autres bonnes volontés, capables de mener la transformation des structures sociales.

Elle avait bien conscience de n'être « qu'une goutte d'eau dans l'océan de la misère ». Mais elle pensait que « cette goutte manquerait si elle n'existait pas ». Et que si chacun dans le monde apportait à son tour une goutte, le monde deviendrait meilleur... L'océan est ainsi fait de gouttes d'eau.

Le mouroir de Khaligat

« J'avais trouvé une femme dans la rue. Elle était à moitié rongée par les rats et les fourmis. Je l'ai emmenée à l'hôpital, mais ils ne pouvaient rien pour elle. Alors, je suis allée à la municipalité demander qu'on me donne un endroit où mettre ces gens, parce que j'en avais trouvé d'autres, qui mouraient dans la rue. » C'est ainsi que Mère Teresa raconte au journaliste Malcolm Muggeridge, l'un des premiers à l'avoir fait connaître en Occident, la fondation du premier de ses célèbres « mouroirs ».

Cela se passe en 1954. On lui propose alors le « Darmashala », une ancienne auberge désaffectée, qui avait servi aux pèlerins de la déesse hindoue Khali, et était située dans les dépendances du Temple, au milieu du quartier des prostituées. Au début, les prêtres de Khali n'acceptèrent pas de voir ainsi s'installer sur leur territoire des religieuses chrétiennes ; ils les soupçonnaient

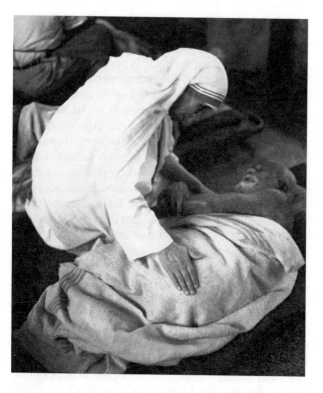

Mouroir de Calcutta – décembre 1964
(© Archives Ciric).

de vouloir convertir les pèlerins hindous et tentèrent de les chasser. Mais le fonctionnaire chargé de l'expulsion ressortit de Khaligat en disant : « Quand vos mères et vos sœurs accepteront de faire ce qu'elles font, nous verrons… »

Le Nirmal Hriday, ou « maison de la pureté du cœur », comme il est écrit sur la porte, accueille donc ceux qui vont mourir. Ceux dont personne ne veut, dans l'unique but de leur offrir une fin sereine, digne, entourée d'amour. « Ils ont mené une vie de chien. Qu'ils meurent au moins comme des êtres humains », c'est-à-dire en paix avec Dieu, disait Mère Teresa. La maison est constituée de deux grandes salles éclairées par des fenêtres à vitraux qui diffusent une lumière comme apaisée de la fureur du dehors. L'une accueille les hommes, l'autre les femmes. Dans chacune, trois rangées de lits de camp, recouverts d'un mince matelas et d'une toile cirée. Des mourants y sont allongés, corps décharnés, déchirés de souffrance parfois, d'où s'échappe la vie. L'atmosphère est infiniment sereine, pourtant, à cause des ces femmes en sari blanc qui bercent, donnent à boire, tiennent une main, sourient à chacun et à tous. Dans les débuts, les Missionnaires de la Charité parcouraient au petit matin les trottoirs de Calcutta, chargeant sur leur dos les mourants abandonnés. Mais bientôt, ce sont les ambulances communales qui prennent l'habitude d'amener là ceux qui ne savent plus où aller. Quelques années plus tard, l'Inde comptera plus d'une trentaine de ces maisons mortuaires. Elles sont restées le symbole de l'œuvre de Mère Teresa, avec sa richesse et ses limites : on n'y soigne pas, on y donne de l'amour. Il lui a en effet été reproché de refuser une assistance médicale sérieuse,

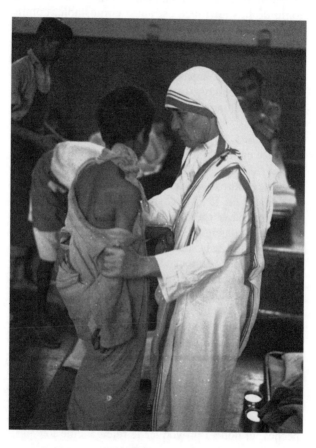

Léproserie à Calcutta – décembre 1964
(© Ciric/Marcel Crozet).

en particulier des médicaments antidouleur. Sa théologie de la souffrance est aussi contestable, comme lorsqu'elle disait à des malades : « Tes souffrances sont des baisers de Dieu… » On touche là les limites de toute action purement caritative, notamment lorsqu'elle fait l'impasse sur les causes de toute souffrance, que celles-ci soient d'ordre politique, économique, social ou médical.

La lutte contre la lèpre

C'est encore Mère Teresa qui raconte : « Nous avons commencé en 1957 avec cinq lépreux qui sont venus nous voir parce qu'ils avaient été mis à la porte de là où ils travaillaient. A cause de leur maladie, les lépreux sont expulsés de la société, abandonnés par leurs amis. Ils ne peuvent habiter nulle part, ils finissent par être complètement isolés et par aller mendier. Dieu merci, nos sœurs sont là pour les aimer. »

Là aussi, les circonstances ont décidé. Ces premiers lépreux affamés ont fait prendre conscience à Mère Teresa de la situation de tous les autres, sans doute à l'époque au moins cinquante mille dans la région de Calcutta, et plus de trois millions dans l'Inde entière. On savait pourtant déjà guérir la maladie, de manière simple et peu onéreuse. Mais aux yeux de tous, elle continue à être considérée comme une punition des péchés, et donc à provoquer le rejet. Même lorsqu'ils sont guéris et ne sont plus contagieux, les cicatrices et moignons toujours visibles des lépreux continuent à soulever l'opprobre.

Les Missionnaires de la Charité apprennent d'abord

à soigner les lépreux abandonnés, avec un jeune médecin venu travailler comme bénévole dans la communauté. Puis on aménage des ambulances, sorte de dispensaires mobiles, qui leur permettent de se déplacer d'un bout à l'autre des bidonvilles, pour distribuer médicaments et soins. Mais cela ne suffit pas pour lever les préjugés, ni pour permettre aux lépreux de retrouver leur place dans la société. Au contraire, certains vont jusqu'à rouvrir leurs plaies pour continuer à susciter la pitié, et donc les aumônes…

Et puis vient la voiture du pape… Paul VI, lors de son mémorable voyage en Inde en 1964 – jamais aucun pape n'avait foulé le sol indien –, s'était vu offrir par les catholiques américains, pour ses déplacements, une longue et luxueuse Lincoln blanche décapotable. Le pape, qui admire l'action de Mère Teresa, s'en sert une fois, puis lui en fait cadeau en partant. D'abord elle ne sait que faire de cette magnifique voiture, difficile à transformer en ambulance, mais une idée de génie lui vient. Elle organise une loterie, avec la Lincoln comme gros lot. Celle-ci rapporte cinq fois le prix de la voiture pontificale !

L'argent ainsi recueilli permet de commencer la construction de Shanti Nagar, la « ville de la paix » : une cité pour les lépreux, où ils ont leur place à part entière. Avec des maisons où l'on peut vivre en famille, des écoles pour les enfants, des centres de formation à de nombreux métiers, des hôpitaux pour se soigner, des champs, des rizières, et des ateliers, de la cordonnerie à la briqueterie, pour que chacun puisse gagner sa vie. Plus d'une centaine de centres seront ensuite créés sur ce modèle en Inde, puis à travers le monde.

Les enfants abandonnés

« Nous ramassons nous-mêmes les enfants, ou bien on nous les amène de l'hôpital, lorsque les parents les ont refusés ; nous en ramenons de la prison, ou encore c'est la police qui nous les confie… Sinon, on les aurait jetés aux ordures, ou bien tués. Nous sommes là pour protéger la vie, la vie du Christ dans celles des tout-petits. »

C'est pour les accueillir que fut créé le premier centre de Sishu Bavan. Les enfants sont nombreux à être ainsi abandonnés : parce que la mère est morte, ou bien parce qu'ils sont tellement prématurés que leurs chances de survie apparaissent nulles, parce qu'il y a déjà trop d'enfants à nourrir dans la famille, parce que ce sont des filles et qu'en Inde celles-ci coûtent cher à marier et ne rapportent rien à leurs parents, parce que leur mère célibataire y a été contrainte…

Ces enfants sont recueillis à la naissance ou plus tard, entourés, soignés et nourris, puis donnés à l'adoption, en priorité à des familles indiennes. En effet, outre les problèmes de racisme que pourraient rencontrer plus tard ces enfants de couleur dans des familles blanches, le gouvernement indien voit d'un mauvais œil ses jeunes ressortissants ainsi « vendus à l'étranger ». En effet, Mère Teresa recevant des dons du monde entier, l'assimilation à un marché organisé est facile… La polémique empire encore quand celle-ci, au nom du respect de la vie et des positions de l'Église catholique, prend position contre la contraception, menée en Inde sous la forme d'une stérilisation plus ou moins forcée, pour juguler une démographie galopante. Et contre l'avortement, avec

Octobre 1979 : Mère Teresa à Calcutta
(© Gamma/J.C. Francolen).

sa fameuse exclamation publique : « Si vous ne les voulez pas, donnez-les-moi… »

Les malades du sida

La communauté de Mère Teresa a été l'une des premières dans l'Église catholique à se pencher sur le sort des malades du sida : « Nous voyons simplement leur détresse et nous nous occupons d'eux. Je crois que Dieu veut nous dire quelque chose par le sida, qu'il nous donne par ce fléau une occasion de plus de témoigner de notre charité. » Même si ces propos ont été mal accueillis, il ne faut entendre là ni jugement ni critique. Ce n'était pas là son combat.

La première maison d'accueil pour séropositifs a été ouverte en 1985 à New York, puis d'autres dans les grandes villes des États-Unis, d'Amérique latine, et d'Afrique.

Les victimes des guerres
et des catastrophes naturelles

Plus tard, lorsqu'elles sont devenues plus nombreuses, les sœurs de Mère Teresa, courageuses, mobiles, et toujours disponibles, se sont aussi portées volontaires partout dans le monde, pour aider les victimes d'inondations, de tremblements de terre, ou des guerres. Après la guerre du Golfe, les Missionnaires ouvrent ainsi à Bagdad une maison pour l'accueil des enfants dénutris ou blessés. Dès avant la déclaration des hostilités, Mère Teresa, à sa manière simple et directe, avait écrit au président des États-Unis et à celui de l'Irak, pour leur demander de s'engager dans la « paix de Dieu », au nom de tous les petits qui allaient les premiers souffrir de la guerre. Une lettre restée sans réponse.

Et encore les drogués à Rotterdam, ou les métis rejetés à cause de la couleur de leur peau, les personnes âgées abandonnées à la solitude dans les grandes villes de l'Occident, les prisonniers sans famille, les malades mentaux... Son action a été parfois critiquée : on lui a notamment reproché, au moment de la catastrophe de Bhopal, lorsqu'une effroyable explosion chimique a brûlé une ville entière, de demander simplement aux victimes de « pardonner, pardonner, pardonner encore ». Sans évoquer les véritables responsables de la catastrophe, les dirigeants d'une multinationale à la recherche de leur seul profit financier.

IX

Un rayonnement mondial

Par la force de sa foi, son énergie à déplacer les montagnes, son rayonnement personnel, et aussi son sens de la communication, Mère Teresa a su trouver tout au long de sa vie des personnes de bonne volonté, prêtes à la suivre et à mettre tous leurs moyens à sa disposition. Parmi les humbles comme parmi les puissants. En chacun, sans culpabilisation inutile, elle avait le don de voir le beau et le bon, et de mobiliser le meilleur, au service de sa cause.

Les coopérateurs souffrants

Lorsque la jeune sœur Teresa, juste avant de se jeter dans l'aventure des rues de Calcutta, rencontre Jacqueline De Decker à Patna, celle-ci s'était déjà immergée dans la pauvreté de l'Inde. Cette jeune Belge, après avoir participé en tant qu'infirmière à la libération des camps de concentration en Europe à la fin de la Seconde Guerre mondiale, s'était embarquée seule pour l'Inde, avec l'utopie de partager la vie des plus pauvres et de se mettre au service de toutes les communautés, hindoue, musulmane ou chrétienne. De même, elle avait déjà revêtu un sari, et parcouru le pays, en apprenant par exemple aux jeunes filles « intouchables » les règles d'hygiène de base, ou encore en formant des adolescents pour qu'ils aillent à leur tour répandre leurs compétences dans les bidonvilles. Au moment où elle souhaitait partager son expérience avec d'autres, elle avait entendu parler des projets de la religieuse de Notre-Dame de Lorette, Jacqueline De Decker était partie la rencontrer. Durant deux mois, les deux femmes confrontent leurs objectifs et leurs idéaux : nul doute que cette rencontre au moment crucial a été déterminante pour Mère Teresa. Il est donc entendu que Jacqueline, qui souffre de la colonne vertébrale, et doit rentrer en Europe pour se faire soigner, rejoindra ensuite sa future compagne à Calcutta. C'est alors qu'on lui découvre une grave maladie des os, qui la conduira peu à peu à la paralysie, dans des souffrances terribles. Les projets de mission s'éloignent…

Durant les années suivantes, la correspondance se poursuit entre sœur Teresa, qui raconte les difficultés, mais aussi les joies du développement de la communauté, et Jacqueline, qui de son côté va d'opérations en opérations, sans amélioration, et se désespère de ses projets brisés.

En 1952, Teresa fait une proposition qui va donner une nouvelle orientation à la vie de la malade : « Vous avez eu dans votre cœur le profond désir de devenir missionnaire. Pourquoi ne vous uniriez-vous pas spirituellement à notre communauté que vous aimez tant ? Pendant que nous travaillerons dans les bidonvilles, vous partagerez nos mérites, nos prières et notre travail par votre souffrance et vos prières. La tâche est immense, et j'ai besoin autant d'ouvriers que d'âmes telles que vous qui prient et offrent leur souffrance pour l'œuvre. Accepteriez-vous d'être ma sœur spirituelle et de devenir une Missionnaire de la Charité, de corps en Belgique, mais d'âme en Inde ? »

Jacqueline De Decker, en acceptant de devenir l'*alter ego* de Mère Teresa, une « autre elle-même » a désormais trouvé une raison d'être à son existence : « La souffrance en elle-même constitue un échec et ne construit rien. Elle est destructrice. Mais unie à la passion du Christ, elle devient un don précieux. Je ne cherche pas d'explication à ma souffrance, je lui ai trouvé un sens. »

Cette forte personnalité va développer une spiritualité de la souffrance offerte en communion avec les Missionnaires de la Charité sur le terrain, et la proposer à de nombreux grands malades à travers l'Europe. Chaque nouvelle religieuse reçoit ainsi un *alter ego* qui prie pour elle. Sœur Teresa croit en la force de la prière. « C'est pour nous une véritable centrale d'énergie spirituelle », affirme-t-elle : « Chaque fois que j'ai quelque chose de particulièrement difficile à faire, c'est Jacqueline qui se tient derrière moi et qui me donne de la force et du courage. » Ainsi naît une nouvelle branche des Missionnaires de la Charité, qui se donnent le nom de « Coopérateurs souffrants ».

Les coopérateurs laïcs

A Calcutta, ville de tradition coloniale, vivait dans les années cinquante une société aisée d'origine anglo-saxonne. Les dames chrétiennes y avaient leurs bonnes œuvres, et se réunissaient pour tenir ouvroir, fabriquer par exemple des jouets pour les enfants pauvres. L'une d'elles, Mrs Blaikie, une jeune femme sur le point d'accoucher, tombe un jour par hasard sur un article de la presse locale, qui relate l'aventure d'une jeune religieuse européenne en sari parcourant les bidonvilles. Cette histoire l'attire irrésistiblement, à tel point qu'elle se débrouille pour lui demander un rendez-vous. Le jour dit, elle s'y rend en voiture, avec son chauffeur. Tout de go, Mère Teresa l'emmène visiter le mouroir qu'elle vient de créer. Ann Blaikie, sous le choc, découvre une misère qu'elle ne soupçon-nait pas, et prend conscience du côté dérisoire de ses « bonnes œuvres ». Désormais, entraînant ses amies avec elle, elle se met au service de Mère Teresa. Celle-ci leur demande de mettre elles-mêmes la main à la pâte, en donnant aux pauvres, non pas seulement le superflu, mais de leur temps et de leur cœur. Pour la première fois à Calcutta, on voit des hommes et des femmes de bonne volonté, de toutes les confessions religieuses et de toutes les nationalités, accepter d'ouvrir les yeux sur la misère, et de considérer les parias des bidonvilles comme des humains à part entière, dignes de leur attention et de leur respect.

Au-delà encore, Mère Teresa leur propose une véri-table conversion spirituelle pour accompagner ces efforts matériels. Une démarche qui consiste à apprendre à regarder autour de soi, tout près, à porter un regard d'amour sur son propre entourage, sa famille, ses enfants, à se faire instrument de paix, d'amour, d'union, d'espoir... comme le dit la prière de saint François d'Assise qu'ils s'engageront bientôt à réciter tous les jours.

Ce premier noyau de « coopérateurs » va d'abord essaimer en Angleterre, puis dans le monde entier. Le mouvement, qui rassemble aujourd'hui des milliers de membres à travers le monde, engage à un don de soi à travers une vie quotidienne ordinaire.

Les frères missionnaires

Dès les commencements, des hommes ont participé à l'œuvre de Mère Teresa et de ses sœurs. Leur présence s'est avérée nécessaire et parfois indispensable, par exemple pour s'occuper des hommes dans les mouroirs, des garçons qui deviennent adolescents dans les foyers pour enfants abandonnés, ou encore pour s'imposer dans les quartiers dangereux, comme ce fut le cas parmi les lépreux...

Peu à peu, certains de ceux qui partagent le travail missionnaire s'installent à proximité des sœurs, pour développer aussi une vie de communauté, et bénéficier de la direction spirituelle de la fondatrice. On commence à les appeler les frères de Mère Teresa, ou les frères missionnaires de la charité. Dès 1963, un groupe d'une dizaine de jeunes Indiens reçoit la bénédiction de l'archevêque de Calcutta pour se consacrer à Dieu et au service des plus pauvres. Pendant les premières années, ils n'ont pas d'organisation propre, pas de supérieur autre que Mère Teresa. Or, dans l'Église catholique, une congrégation masculine ne peut pas être dirigée par une femme, et ils ne sont donc pas officiellement reconnus.

Jusqu'à l'arrivée de frère Andrew, en 1965. Ian Travers-Ball est un jeune jésuite australien de trente-six ans, qui vient tout juste d'être ordonné prêtre en Inde. Il a entendu parler de Mère Teresa, se sent attiré par son choix de vie et demande à faire une retraite spirituelle parmi les frères missionnaires de la charité. Au bout d'une semaine de sa présence, Mère Teresa, qui est depuis longtemps à la recherche d'un supérieur pour la communauté des frères, a l'intuition que ce pourrait être lui. Sans doute se dit-elle qu'il est envoyé par la Providence, que Dieu lui donne une fois de plus là un signe de sa Présence. Avec l'accord enthousiaste des frères, elle lui demande donc de rester. Les supérieurs du père Ian l'y encouragent aussi. Il devient donc le responsable de la communauté des frères, pour trois années, en prenant le nom de frère Andrew. Il rédige à son tour une constitution pour fixer leur règles de vie, qui reçoit l'approbation de Rome en mars 1967. A partir de ce moment, la communauté prend son autonomie et se développe à sa manière propre : les frères ne portent pas d'habit religieux, mais des vêtements simples en accord avec ceux des pauvres du lieu où ils habitent, ainsi qu'un crucifix sur la poitrine, en signe de leur consécration au Christ. Ils mènent une vie de communauté et de prière, mais accueillent aussi souvent dans leurs propres maisons, avec beaucoup de chaleur et de tendresse, des marginaux et des exclus. Au bout des trois premières années de son engagement, en 1968, frère Andrew prononce ses vœux définitifs dans la nouvelle congrégation, en tant que

« serviteur général ». Mère Teresa et lui ont des vocations et des sensibilités différentes, et leurs communautés respectives en porteront la marque, et connaîtront des histoires différentes. Les frères seront près de cinq cents dans les années quatre-vingt, mais connaîtront ensuite des déboires ; ils seront expulsés de certaines de leurs fondations dans des pays en guerre, et verront leurs forces réduites par un certain nombre de départs.

Les différentes branches de la congrégation

Au cours des années se développent d'autres branches qui s'inspirent de la spiritualité de Mère Teresa. Un nouvel ordre de Missionnaires de la Charité contemplatives est ainsi fondé en Inde en 1987, d'où est issue l'actuelle Supérieure générale de l'ordre.

Un réseau de jeunes bénévoles également est créé qui, venant de partout, partagent pour un temps le travail des Missionnaires, ainsi que leur vie de prière. Les prêtres du mouvement Corpus Christi, tout en continuant à exercer leur ministère, s'y associent. Et les coopérateurs médecins s'inspirent dans leur pratique de soins de la démarche d'amour et de solidarité des Missionnaires de la Charité. Les amis de Mère Teresa, enfin, font connaître son action et récoltent des dons.

Le développement à travers les cinq continents

Mère Teresa a, semble-t-il, toujours envisagé d'étendre son œuvre à travers le monde, et l'a vivement désiré. Elle répond à toutes les demandes, dès qu'elle en a les moyens humains et matériels, et établit ses fondations dans des délais records. On lui a même reproché parfois de le faire trop rapidement, sans exercer assez de discernement. Partout où il y a des pauvres, des exclus, qui ont besoin d'aide et d'amour, elle veut pouvoir répondre présent. La seule condition est que les religieuses puissent vivre pauvrement, travailler parmi les pauvres, et mener une vie de prière, sous la direction spirituelle d'un prêtre. Elles gardent leurs vêtements et leur mode de vie indien, parlent anglais et changent d'affectation tous les deux ou trois ans.

Durant les dix premières années après la fondation de la congrégation, plusieurs maisons sont ouvertes dans le diocèse de Calcutta. Puis la congrégation se développe dans l'Inde entière, sur le même modèle. Après la gratuité des lignes de tram de Calcutta, le gouvernement indien accorde à la fondatrice un permis pour voyager librement sur toutes les lignes de la compagnie nationale. On voit sa petite silhouette en sari sillonner le pays. La réputation de la religieuse des bidonvilles grandit, et franchit les frontières du sous-continent. Elle commence alors à recevoir des demandes d'Églises et même de gouvernements étrangers.

A partir de 1965, avec la multiplication des vocations, de nouvelles fondations se créent à travers le monde. Le pape Paul VI demande à Mère Teresa d'ouvrir des maisons en Amérique latine, où les catholiques sont nombreux mais le clergé insuffisant. Les sœurs y font autant un travail d'évangélisation que d'aide aux plus pauvres. Ensuite, c'est l'Afrique :

d'abord l'Afrique anglophone, où comme en Inde, elles se consacrent aux plus misérables, aux enfants et aux lépreux. Puis pour la première fois, des terres musulmanes : l'Égypte, la Jordanie, et même le Yémen, où l'on n'avait pas vu une religieuse catholique depuis des siècles, et qui demande des sœurs pour s'occuper d'une léproserie !

En mai 1968, nouvel appel de Paul VI, qui souhaite que les Missionnaires de la Charité s'installent à Rome. Il envoie une lettre personnelle et deux billets d'avion à Mère Teresa. Celle-ci, bien que doutant de son utilité, accourt aussitôt aux ordres du Saint-Père. Cette capitale occidentale et industrielle, qui plus est centre de l'Église catholique, lui semble devoir être préservée de toute pauvreté. C'est alors, en parcourant les rues de la Ville éternelle, qu'elle découvre le visage de la nouvelle misère urbaine : les clochards, les ivrognes, les jeunes délinquants, les drogués, les chômeurs... A partir de ce moment-là, elle entame un nouveau combat pour la dénoncer. Mère Teresa répète volontiers aux habitants des pays riches qu'il ne sert à rien d'aller en Inde aider les enfants affamés, si l'on ne voit pas la faim d'amour des exclus en Occident même, si l'on ne sait pas donner à ses propres enfants tout le temps et l'attention dont on dispose.

Après la maison ouverte dans une banlieue défavorisée de Rome, d'autres donc sont créées dans les grandes villes d'Australie et des États-Unis. En tout, actuellement, une centaine de fondations dans les pays développés.

Plus tard encore, au début des années quatre-vingt, lorsque tombera le rideau de fer qui divisait l'Europe, Mère Teresa s'engage dans les pays ex-communistes.

Elle a le bonheur d'inaugurer une maison à Zagreb en Yougoslavie, le pays qu'elle a quitté cinquante ans auparavant, et même de revenir à Skopje, sa ville natale. Mais sa mère est morte depuis une dizaine d'années. En 1986, elle est à Cuba, et l'année suivante, en URSS. Cependant la Chine communiste lui résiste, en refusant la présence d'un prêtre comme directeur spirituel d'une éventuelle communauté de Missionnaires de la Charité.

Dès 1970, en prenant la mesure des maux du monde moderne, Mère Teresa a résolu de fonder un second noviciat à Londres, pour les postulantes d'origine occidentale. Une fois encore, elle voit un signe de la Providence lui confirmer que son projet fait bien partie de la volonté de Dieu : alors qu'elle vient de trouver exactement la maison qui conviendrait, dans un quartier peuplé d'hindous de la capitale britannique, et qu'elle n'a pas le premier sou en poche pour l'acquérir, Mère

Teresa est invitée à parler de son projet, et de son action en général à la radio, sur la BBC. La petite religieuse, pourtant peu familière des ondes médiatiques, le fait avec un tel charisme et un tel enthousiasme que les dons affluent. Lorsque, quelques jours plus tard, on en fait les comptes, il y a très exactement la somme nécessaire à l'achat !

Un rayonnement mondial

Mère Teresa a été qualifiée de « sainte médiatique ». Elle sait communiquer, et a vite appris, même si elle n'y trouve guère de plaisir, à manier les médias pour les amener à sa cause, susciter les dons nécessaires à son œuvre. « J'ai passé un contrat avec Jésus, raconte-t-elle avec humour à la fin de sa vie, chaque photo que l'on prend de moi permet de sauver une âme du purgatoire… Il sera bientôt vide ! » Ce talent de communication est encouragé par la hiérarchie catholique, qui voit dans la religieuse une excellente et volontaire porte-parole de ses combats, contre l'avortement, par exemple.

Elle « crève l'écran » et touche les cœurs parce qu'elle rayonne d'amour, parce qu'elle va toujours à l'essentiel, parle sur un pied d'égalité avec les petits comme les grands de ce monde, parce qu'elle n'éprouve aucun orgueil ni aucune timidité.

Après les débuts difficiles qui suscitent l'admiration et l'étonnement des journaux indiens, c'est un journaliste britannique réputé, Malcolm Muggeridge, qui réalise un long portrait d'elle pour la télévision, puis en tire un livre. Outre que le journaliste, subjugué,

3 octobre 1986 : Mère Teresa et Jean-Paul II au Vatican
(© Gamma/Felici).

se convertit sous son influence, les deux ont un immense retentissement, en particulier en Angleterre. Sa fidélité et sa proximité avec le Vatican lui valent bientôt le prix de la paix Jean XXIII, qui a un écho international. Mais elle manque de ne pouvoir le recevoir, bloquée aux portes du Vatican par les gardes suisses, à cause de son allure modeste et de son absence de papiers officiels !

A mesure que l'œuvre se développe à travers le monde, une multitude de prix et honneurs en tous

11 décembre 1979 : Mère Teresa recevant le prix Nobel
(© Gamma/L. Maous).

genres lui sont attribués, le prix Kennedy « du bon samaritain », le prix Nehru, le Lotus d'or, qui est la plus haute distinction de l'Union indienne, des doctorats « honoris causa » de nombreuses universités ; celle de Washington crée même pour elle seule le titre de « docteur de l'humanité ». Ces honneurs ne représentent véritablement pas grand-chose pour elle, trop occupée alors à courir à travers la planète pour « le travail ». Sauf lorsqu'ils sont assortis d'une somme d'argent qui arrive à point nommé pour couvrir un nouveau besoin, une nouvelle fondation. Ils lui offrent aussi une tribune pour marteler ses convictions, toujours émaillées d'anecdotes vécues, dont la portée symbolique marque les esprits.

En décembre 1979, c'est la consécration aux yeux du monde : le prix Nobel de la paix, qui récompense en général des personnalités politiques, lui est décerné. La petite religieuse septuagénaire, toute ridée et courbée, se rend à Oslo, par un froid polaire, vêtue de son sari seulement recouvert d'une veste de laine, pour le recevoir « au nom des pauvres ». Elle a refusé le banquet traditionnel et empoché l'argent, ainsi que celui du prix lui-même, pour « les jeunes familles de lépreux qui ont besoin de construire leur maison ». Le discours qu'elle prononce à cette tribune mondiale, loin des remerciements officiels et consensuels, a fait date. Après avoir tracé le signe de croix sur ses lèvres et invité très naturellement le public à « prier le Dieu de tous les hommes », elle se lance dans une diatribe contre le monde occidental, où la liberté des mœurs et l'avortement sont autorisés : « De nos jours, on tue des milliers d'enfants à naître, et nous ne disons rien... Pour moi, les pays qui ont légalisé l'avortement sont les pays les

Février 1980 : Mère Teresa et Indira Gandhi
(© Gamma/Bartholomew).

plus pauvres… Le plus grand élément de destruction de la paix aujourd'hui, c'est le cri innocent de l'embryon… »

Elle avait du courage. Même si on lui a reproché aussi un certain manque de lucidité politique : elle a été chaleureusement reçue par des dictateurs comme la famille Duvalier en Haïti, allant même, dans sa générosité, jusqu'à affirmer que celle-ci « aimait les pauvres » et donnait de l'argent pour eux… Sans doute celui qui provenait de leur exploitation !

**Prière de Mère Teresa affichée
dans le centre d'accueil de Manhattan**

La vie est une chance, saisis-la.
La vie est beauté, admire-la.
La vie est béatitude, savoure-la.
La vie est un rêve, fais-en une réalité.
La vie est un défi, fais-lui face.
La vie est un devoir, accomplis-le.
La vie est un jeu, joue-le.
La vie est précieuse, prends-en soin.
La vie est une richesse, conserve-la.
La vie est amour, jouis-en.
La vie est un mystère, perce-le.
La vie est promesse, remplis-la.
La vie est un hymne, chante-le.
La vie est un combat, accepte-le.
La vie est une tragédie, prends-la à bras-le-corps
La vie est une aventure, ose-la.
La vie est un bonheur, mérite-le.
La vie est la vie, défends-la.

De la même façon, alors qu'elle a toujours entretenu d'excellentes relations avec Indira Gandhi, le Premier ministre de l'Inde, et en a reçu tous les honneurs, jamais elle n'a usé de son influence pour plaider la cause des détenus politiques qui remplissaient les prisons de l'Union, alors même qu'Amnesty International en dénonçait partout les tortures. Ce n'était pas son combat.

X

Bienheureuse Teresa

« Les saints sont des disciples de Jésus-Christ, qui ont vécu leur fidélité à Dieu d'une manière extraordinaire. Ils nous donnent des exemples lumineux de toutes les vertus, la foi, l'espérance, l'amour de Dieu et de son prochain, la sagesse, la justice, le courage, la pureté, l'humilité… Chaque saint illustre ces vertus d'une manière personnelle, et c'est pourquoi l'Église les propose en exemple à ses membres, comme compagnons à la suite du Christ, et aussi comme des intercesseurs auprès de Dieu.

Mère Teresa est connue dans le monde entier pour sa vie consacrée entièrement au service des plus pauvres. Elle a amené nombre de ses contemporains à l'imiter, et à se tourner vers Dieu. Elle fut un signe de l'amour de Dieu dans le monde d'aujourd'hui… La profondeur de sa foi, les visions et les épreuves qui lui ont été données, en font aussi une des grandes figures mystiques de l'Église. »

C'est ainsi que le « postulateur », ou avocat de la cause en béatification de la religieuse indienne, le père

Brian Kolodiejchuk, Missionnaire de la Charité canadien, a annoncé en décembre 2002 la fin de son travail. Il avait été chargé de mener l'enquête sur la vie de la postulante à la sainteté : exposer les faits marquants de sa vie, rassembler toutes les preuves possibles de ses vertus, ainsi que d'éventuels témoignages contradictoires, pour présenter le dossier auprès de la Congrégation pour la cause des saints au Vatican, qui doit ensuite en instruire le procès, c'est-à-dire veiller à son déroulement.

Avant même sa disparition, Mère Teresa de Calcutta était considérée par beaucoup comme une véritable sainte. « Dans nos cœurs, elle est déjà une sainte. Des gens venus de toutes confessions ne cessent de nous demander si elle sera canonisée », affirmait sœur Nirmala, nouvelle Supérieure générale de l'ordre, au lendemain de sa mort.

Depuis lors, tous les jours, les Missionnaires de la Charité, mais aussi des visiteurs indiens et étrangers, viennent se recueillir devant le reposoir de marbre blanc, toujours fleuri d'œillets jaunes et de jasmin, sous la chapelle de la maison mère de Calcutta.

Mais l'Église catholique fixe en principe un délai de cinq ans avant l'ouverture d'un procès en béatification, qui est lui-même un préalable à la canonisation. Il s'agit de permettre plus de recul, d'objectivité et d'équilibre dans les jugements rendus.

Pourtant, dès 1998, l'archevêque de Calcutta, Mgr D'Souza, demande à Rome une dispense pour commencer plus tôt les démarches : c'est une cause à laquelle le prélat tient très personnellement, car Mère Teresa était devenue sa mère spirituelle.

Dispense que Jean-Paul II, dont on connaît les liens

avec la religieuse et l'admiration pour elle et son œuvre, accorde aussitôt. « Il y a des cas tellement limpides que la procédure ordinaire peut être rapide », concède un membre de son entourage, pourtant réputé pour sa rigueur, le cardinal Ratzinger.

Le travail commence en 1999 et va durer trois ans et demi. Il est donc mené par le père Brian Kolodiejchuk, qui doit sa vocation à la religieuse, assisté de douze personnes, dont plusieurs sœurs de Mère Teresa. Plus d'une centaine de personnes sont interrogées, à Calcutta et dans le reste du monde, des milliers d'écrits, de lettres, sont analysés, annotés. Pour rassembler près de 35 000 pages de documents.

Pour prétendre à la sainteté, le postulant doit aussi être à l'origine d'un miracle, comme un signe du ciel pour authentifier la cause. C'est-à-dire un « événement instantané, durable, et sans explication scientifique ». Le miracle présenté par le père Brian concerne Monika Besra. Cette jeune femme indienne, âgée de trente ans, souffrait de tuberculose et d'une tumeur cancéreuse à l'estomac ; les médecins l'affirmaient incurable, trop faible pour être opérée. Le 5 septembre 1998, soit un an jour pour jour après le décès de Mère Teresa, les religieuses qui s'occupaient d'elle, ne sachant que faire pour la soulager, transportèrent la malade à la chapelle pour prier avec elle et pour elle. Monika affirme alors avoir vu un rayon de lumière irradier d'une photo de Mère Teresa, tandis qu'on la lui posait sur l'estomac. Elle plongea alors dans un profond sommeil. Le lendemain, la tumeur avait disparu, elle était guérie. Des médecins de l'hôpital signalent cependant qu'elle avait reçu aussi un puissant traitement médical au même moment, qui pourrait expliquer sa guérison.

Cette première phase de l'enquête, menée dans le diocèse de Calcutta, s'est terminée en avril 2001. Deux exemplaires des 76 volumes de 450 pages chacun, scellés, ont alors été envoyés à Rome. Ils ont été examinés par une commission de théologiens, qui a mené un complément d'enquête, pour en particulier recueillir les avis divergents.

La sainteté est bien différente de la perfection : Mère Teresa, comme tout être humain et encore plus comme personnage public, a fait des choix et pris des positions devant les événements de son temps, qui peuvent être critiquables et critiqués. Des témoins à charge ont ainsi été entendus.

La Congrégation pour la cause des saints, composée de cardinaux et d'évêques, doit ensuite en approuver les conclusions, et le pape prononcer la béatification. Mère Teresa a ainsi été reconnue « servante de Dieu » en décembre 2002, par la promulgation de deux décrets. Le premier reconnaît que la religieuse a exercé les vertus chrétiennes avec une intensité « héroïque » ; et le deuxième authentifie le miracle de la guérison de Monika Besra, attribué à son intercession.

Mère Teresa deviendra officiellement « bienheureuse » dans l'Église catholique le 19 octobre 2003, six ans seulement après sa mort, à l'issue d'un procès en béatification le plus rapide de l'histoire de l'Église catholique.

Pour qu'elle soit enfin officiellement sainte, il faut encore qu'un second miracle, postérieur à cette date, et en dehors de l'Inde, donne un nouveau signe de la Providence.

Prière

« Les gens ne sont pas raisonnables,
ils sont illogiques et égoïstes,
Aime-les quand même.

Si tu leur fais du bien,
Ils te reprocheront des motifs égoïstes
Et des arrière-pensées,
Fais quand même du bien.

Si tu as du succès,
Tu trouves de faux amis et de vrais ennemis,
Aie quand même du succès.

Le bien que tu fais
Sera oublié demain,
Fais quand même du bien.

L'honnêteté et un esprit ouvert
Te rendent vulnérable,
Sois quand même honnête et ouvert.

Ce que tu as construit pendant des années de travail
Peut être détruit en une nuit,
Construis quand même.

On a vraiment besoin de ton aide,
Mais peut-être les gens t'attaqueront-ils
Si tu les aides,
Aide-les quand même.

Donne au monde ce que tu as de meilleur
Et il va te casser les dents,
Donne quand même au monde ce que tu as de meilleur. »

Chronologie

27 août 1910 : naissance d'Agnès Bojaxhiu.

1928 : Agnès entre dans la congrégation des sœurs de Notre-Dame de Lorette.

1937 : sœur Teresa prononce ses vœux perpétuels dans cette congrégation.

10 septembre 1946 : « Appel dans l'appel » dans le train de Calcutta à Darjeeling.

1947 : indépendance de l'Inde, sœur Teresa en prend la nationalité indienne.

12 avril 1948 : Pie XII autorise sœur Teresa à quitter Notre-Dame de Lorette, tout en restant religieuse, sous l'obédience de l'archevêque de Calcutta.

7 octobre 1950 : fondation officielle de la congrégation des Missionnaires de la Charité, pour le diocèse de Calcutta.

1954 : inauguration du « Nirmal Hriday » à Calcutta.

1960 : première fondation de maison en Inde, en dehors du diocèse de Calcutta.

25 mars 1963 : naissance des frères missionnaires de la charité.

1er février 1965 : rattachement de la congrégation directement au Vatican, sons l'égide du droit pontifical.
Première fondation de maison en dehors de l'Inde, au Venezuela.

1968 : ouverture d'une maison à Rome.

1969 : Paul VI bénit l'association internationale des coopérateurs de Mère Teresa.

6 janvier 1971 : prix de la paix Jean XXIII.

1970 : ouverture d'un second noviciat à Londres.

juin 1972 : fondation de l'association « Les amis de Mère Teresa » en France.

1979 : prix Nobel de la paix.
Ouverture d'une maison dans les pays communistes, à Zagreb.

1985 : discours à l'ONU pour le quarantième anniversaire de sa fondation.
Ouverture de la première maison aux États-Unis pour les malades du sida.

1987 : création de la branche contemplative des Missionnaires de la Charité.

mars 1997 : élection de sœur Nirmala comme Supérieure générale de la congrégation en remplacement de Mère Teresa.

5 septembre 1997 : décès de Mère Teresa à Calcutta.

19 octobre 2003 : béatification à Rome.

Bibliographie

Malcolm Muggeridge, *Mère Teresa de Calcutta*, Seuil, 1973.

Mère Teresa de Calcutta, « Tu m'apportes l'amour », *Écrits spirituels*, Centurion, 1975.

Édouard Le Joly, *Mère Teresa et les Missionnaires de la Charité*, Seuil, 1979.

Édouard Le Joly, *Mère Teresa, messagère de l'amour du Christ*, Seuil, 1985.

Frédéric Lenoir, Estelle Saint-Martin, *Mère Teresa*, Plon, 1993.

Mgr Jean-Michel Di Falco, *Mère Teresa, les miracles de la foi*, Éd. N° 1, 1997.

Christian Feldmann, *Mère Teresa, une vie où la charité demeure*, Éd. Saint-Augustin, 2002.

Site internet : *www.motherteresacause.info*

Table

Composition : Facompo, Lisieux

Achevé d'imprimer en avril 2003
par Normandie Roto Impression s.a.s.,
61250 Lonrai
pour le compte des Éditions Desclée de Brouwer
N° d'impression : 03-0840 - Dépôt légal : avril 2003

Imprimé en France